ITマネジメント

モデリングと情報処理によるビジネス革新

Tsukasa Sugiura

杉浦 司

関西学院大学出版会

IT マネジメント
モデリングと情報処理によるビジネス革新

はじめに── ITマネジメントを考える

　企業経営におけるITの重要性が叫ばれて久しいなか、ITやITマネジメントといった言葉が明確な定義なしに議論の中で使われている。インターネットやコンピュータといった情報に関するテクノロジーだということはわかるとしても、情報そのものも含めるのかどうかについてはきわめてあいまいである。日常的に利用することの多いワープロ文書や表計算データであっても、マクロというソフトウェアを組み込むことができる。そもそもソフトウェアもコンピュータにとって命令という意味を持つ情報（プログラム）であり、ソフトウェアが情報に関する代表的なテクノロジーであることが議論の余地がないことを考えれば、ITは情報そのものを含むということになる。一歩譲ってソフトウェアは情報とは違うものとして扱うべきであるとしても、コードの付け方やファイルのまとめ方など情報そのものの形式もまた、計算や検索、分類といった情報処理の善し悪しに大きな影響を与えることに議論の余地はないだろう。ホームページにもはやる、はやらないがあることをみても、情報そのものにもITとしての意義があることがみてとれる。SaaSやSOAといった仮想化技術もまた、ソフトウェアをハードウェアから切り離すことができる情報にすぎないという発想がなければ生まれてこなかった。さらに仮想化技術の進歩によって、ハードウェアもまた情報化され、仮想マシンという情報を切り替えることによって、我々は瞬時に使用するハードウェアを切り替えることができるようになっている。
　ITをインターネットやコンピュータといった情報技術や情報通信技術として理解することが間違っているわけではない。しかし、現実を情報に投影するための技術という理解の方がよりITの本質をついているのではないだろうか。特に、本書のテーマであるITマネジメントを考える上で、ITを情報に関する技術としてとらえるのではなく、現実を情報に投

影するための技術としてとらえることが大きな意味を持つことになる。それはまさに経営そのものに必要な技術だからである。現代社会において我々は、本当に起こった現実と、人から聞いたり新聞やテレビで見たりして知った現実とを区別することが大変難しくなっている。災害対策のような危機管理からみれば、情報に投影された現実の信憑性が時によっては命をも危うくするかもしれないのである。企業においても、経営者は売上や費用、営業機会や業務リスクといった様々な情報を社内外から情報収集し、意思決定という経営の舵取りを行っている。そうした情報がどれだけ正確で信頼に値するのかということに対して、経営者が関心を抱かないとすれば成長どころか安定すら危い。e-Japanや経済成長戦略大綱などで政府や経済産業省が企業のIT化を継続的に最重要課題として掲げ続けている理由がここにある。現代企業が情報戦略の策定にあたって求められるのは、経営に必要となる情報が何かを洗い出し、いかにしてそれを効果的に投影するのかという視点なのである。

　現実を情報に投影するだけであれば、紙やフィルムといったアナログ媒体でも可能である。しかし、情報をデジタル化して投影することによって、計算や分類、検索といった情報処理をコンピュータに高速実行させることが可能となる。ITをその本質面から定義するとすれば、「現実を投影し情報処理する技術」ということになる。ITを「現実を投影し情報処理する技術」として理解することは、ITマネジメントとは何かを考える上でも意義がある。一般的には、ITマネジメントはITに関する企画や導入、運営および活用など情報システム部門が担うIT関連業務であるとされている。しかし、こうした理解もまた、ITを「情報に関する技術」とすることと同じように危うさがある。情報システムの企画や開発、運用、保守といった業務であれば、請求書発行など自動計算や集計が情報システムの目的だった、はるか昔から存在していた。部門レベルの業務管理から全社的な経営管理にシステム化の対象がシフトしてきたといえるかもしれないが、部門レベルの業務管理だからといって、ITマネジメントにあたらないというわけでもない。ITが「現実を投影し情報処理する技術」

はじめに

であるとすれば、ITマネジメントとは、販売や購買、製造、物流といった現場での企業活動を情報システムとしてモデリングし、計算や集計、検索、抽出、加工、比較、推測といった情報処理を行うことによって、業務スピードの向上にとどまらず、予測や最適化といったビジネスそのものの高度化をめざすものであるといえるだろう。身近な例として、天気予報を考えてみて欲しい。世界中で実際に起きている天候という現実を天気図という情報に投影することによって、天候の変化を予測している。コンピュータを使っていようがいまいが、天気予報はまさにITマネジメント的であるといえる。むしろ、コンピュータだからとか情報システム部門だからといってITマネジメントだと考えるのは危険すぎる。コンピュータによる自動計算や集計もまた、現実の伝票を人が数えるのではなく、伝票データとして情報投影したものを情報処理している。ITマネジメントは、「ITを利用したモデリングと情報処理によるビジネス革新」をめざすものなのである。

　ITをコンピュータやインターネットだと考えていては本当のIT革命を起こすことはできない。ITという武器を手にしても、モデリングと情報処理というスキルを駆使することができる人材が確保できてこそ、ITマネジメントという進化したマネジメントを手にすることができる。特に、モデリングスキルは、問題を分析して解決策を設計するというマネジメントそのものにもつながるものでもある。本書を読むことによって、いかにITやITマネジメントが経営者にとって強力な武器となり、競争優位の源泉となるかについて知ることができるだろう。そして、モデリングと情報処理のスキルを身につけるためにも役立つだろう。

平成 21 年 9 月 21 日

杉　浦　　司

目　次

はじめに　*3*

序　章　重要性が高まる IT マネジメント 11
　　　　IT 依存度が高まる企業経営の光と影
　　　　クラウドコンピューティングにみる IT のサービス化
　　　　情報システム部門に期待される役割の変化

第 1 章　IT マネジメントとは何か 17
1　IT とは何か　*17*
　　　　IT の歴史をひもとく
　　　　現実を投影し情報処理する技術
　　　　デジタル化がもたらす高度な情報処理
　　　　情報と通信の融合による IT 投影能力の飛躍的拡大
　　　　仮想化技術で高度化する IT

2　IT マネジメントとは何か　*23*
　　　　IT マネジメントにおけるモデリングの意義
　　　　IT マネジメントを構成する情報処理業務
　　　　IT マネジメントによるビジネス革新

第 2 章　IT マネジメントにおけるモデリングと情報処理 ... 27
1　IT マネジメントにおけるモデリングの意義　*27*
　　　　モデリングによる「可視化」と「抽象化」
　　　　IT マネジメントにおけるモデリングの位置づけ
　　　　業務モデリングによる As-Is（現状）から To-Be（将来）の導出

7

情報から業務の本質に迫るデータモデリング
　　　機能とデータをまとまりで考えるオブジェクト指向
　　　横断的視点で共通関心事をとらえるアスペクト指向
　　　情報システムを「見える化」するITアーキテクチャ
　　　ビジネスプロセスをITサービスとして仮想化するSOA
　　　EA（エンタープライズアーキテクチャ）によるビジネス情報モデリング

2　ITマネジメントを構成する情報処理業務　46

　　　情報戦略／ビジネス環境分析とEAにもとづく情報戦略の立案
　　　投資評価／費用対効果が見えなければ改善しようがない
　　　リスクマネジメント／情報セキュリティだけにとどまらないITリスク
　　　人材育成／重要性が高まるITリテラシー教育と高度情報処理技術者の育成
　　　アーキテクチャ／システムエンジニアからアーキテクトへのパラダイムシフト
　　　プロジェクトマネジメント／日常化するプロジェクト活動に対する統制強化の必要性
　　　システム開発／生産性と品質を高める開発手法における工学的アプローチ
　　　システム運用／ITILでサービスマネジメント化する運用業務
　　　委託管理／説明責任から考えるIT業務委託
　　　コンプライアンス／重要性が高まるIT法務への対応

第3章　ITマネジメントによるビジネス革新..........75

1　ITがもたらすマネジメント革新　75

　　　データ品質と統合が決め手のビジネスインテリジェンス
　　　BAMでリアルタイム化するビジネスモニタリング
　　　情報エントロピーを減少させるポータルと全文検索
　　　ウィキペディアによるナレッジマネジメントの可能性
　　　システム試用によるビジネス革新の発想

2　営業・販売分野におけるITマネジメント　86

　　　オペレーショナルCRMとアナリティカルCRM
　　　マイクロターゲティングによるリコメンデーション
　　　ブログとソーシャルネットワークによる口コミマーケティング
　　　AIDMAモデルからAISASモデルへ

目次

　　　　　チャネル複合ではなくチャネル融合としてのクリックアンドモルタル
　　　　　実社会と仮想社会を地つながりにするグーグルマップ

　3　ロジスティクス分野におけるITマネジメント　　97

　　　　　コスト志向の電子調達からSRB（社会的責任購買）へ
　　　　　生産の一番工程、最終工程としてのジャスト・イン・タイム物流
　　　　　パラメータ変化の監視が重要となる在庫管理
　　　　　作業分析に基づくロケーションの最適化
　　　　　デジタルアソートとデジタルピッキングによる情物一致
　　　　　無線ICタグによる現物管理の革新
　　　　　食品産業以外にも広がるトレーサビリティ

　4　製造・エンジニアリング分野におけるITマネジメント　　108

　　　　　5S、7Sを推進するITによる見える化
　　　　　CAD/CAMでSE化する機械工
　　　　　PDMによるコンカレント・エンジニアリングの推進
　　　　　工程管理はプロジェクトマネジメントへ
　　　　　技術継承で注目されるeラーニング

　5　会計、人事分野におけるITマネジメント　　118

　　　　　スピード経営に不可欠となる決算の早期化
　　　　　国際会計基準に向けたコンバージェンスとアドプションの流れ
　　　　　XBRLでインテリジェンス化が進む財務報告
　　　　　アカウンタビリティとコンピテンシーから考える人事評価
　　　　　ディレクトリによるユーザIDと職務権限の統合管理

第4章　ITマネジメントの推進 127

　1　ITマネジメントを推進するためのITガバナンス　　127

　　　　　企業統治からみたITマネジメント
　　　　　情報戦略、IT予算の見える化がITガバナンスの前提条件
　　　　　取締役責任が問われるセキュリティ保証
　　　　　IT依存の高まりとともに高くなる事業継続リスク

内部監査部門の体制強化とCSAの導入が急がれるシステム監査
EUCの放置がもたらす権限の漏えい

2　CIOに期待されるITマネジメントへの役割　　*138*

IT利用による業務改革を成功させるチェンジマネジメント
経営戦略を見える化するITマネジメント
常識にとらわれないブレイクスルー思考の必要性
CIOに求められるプロジェクトマネジメントへの参画
IT利用だけでなく人的対応を重視するのもCIOの役割

3　ITマネジメントからみた情報システム部門の役割　　*147*

IT企画力の強化が求められる情報システム部門
情報システム部から情報サービス部へのパラダイムシフト
価値工学によるシステム開発の意識改革
CAD/CAMにみるシステムエンジニアの本来の姿

4　サービス指向が決め手となるITマネジメントの推進　　*153*

業務を重視するITマネジメントの成功企業
文書ファイルの棚卸しで明らかになる情報の自然連鎖
装置指向で遅れをとったIT利用と労働生産性の国内事情
サービスとしての内部顧客の視点を持つ必要性
現場問題と経営戦略のリンクから生まれる情報戦略
重要成功要因と重要業績評価指標で見える化するITコスト

終　章　　ITマネジメントの将来展望 169

パソコン利用の見直しから始めるITマネジメントはじめの一歩
ITサービス化によってシフトするIT人材のスキル
仮想化社会の成功の鍵となるアプリケーション（適用）の視点

用語解説　　*175*

序章 重要性が高まるITマネジメント

◎ IT依存度が高まる企業経営の光と影

　IT利用によって、企業は業務の生産性を高めて処理量の増大にも対応することができる。販売管理や生産管理、財務会計などの業務について、パソコンも含めてコンピュータ利用していない企業を見つけ出すことが困難なほど、企業におけるIT依存度はかなり高いものとなっている。総務省の平成19年「通信利用動向調査」によると、インターネットの企業利用率は98.7％にも及んでいる。楽天やアマゾンといったネット系と呼ばれる企業だけがインターネットや情報システムを利用しているわけでなく、今や情報システムは大手、中小を問わず不可欠なものである。その反面、情報システムの不具合のせいで多大な損失を出してしまったり、情報システムが止まって業務も止まってしまったというような事態も起きている。

　2002年、統合されたばかりのみずほ銀行でATM障害が、2005年11月には東京証券取引所で大規模なシステム障害が、同年12月にはジェイコム株の誤発注事件が起きたことは多くの人の記憶に残っている。2008年にもセブン銀行のATM障害が発生しており、今後もこうしたトラブルが絶えることはないだろう。ITを利用するということには、顧客獲得の場面でも有利となり、製造、調達の場面でもコストを抑えられるといった競争優位性を手に入れられるという光の面と、システム障害で誤処理や業務停止が起きたり情報漏えいや不正によって信用失墜するという影の面という二つの可能性があるということを我々は肝に銘じておかなくてはならない。

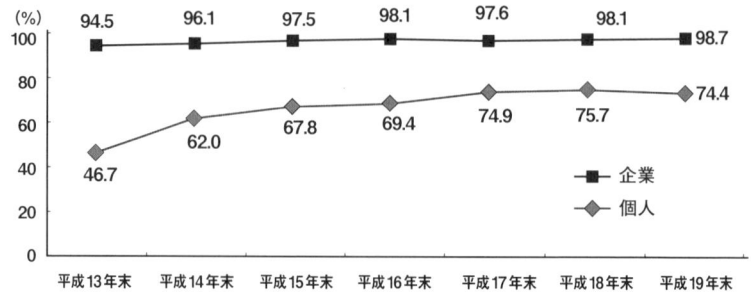

図表1　個人及び企業におけるインターネット利用率

総務省平成19年『通信利用動向調査』より引用、編集
www.johotsusintokei.soumu.go.jp/statistics/data/080418_1.pdf

◎クラウドコンピューティングにみるITのサービス化

　2006年8月9日、グーグルのCEOであるエリック・シュミット氏が、米国カリフォルニア州サンノゼ市で開催された検索エンジン戦略会議で、これからはコンピュータは持つものではなく、利用するべきものだとして、あらゆる情報サービスがクラウド（雲：実際にはインターネットなどのネットワーク）の向こうにあるサーバに接続して利用できるという、クラウドコンピューティングという概念を発表した。クラウドコンピューティングではSaaS（Software as a Service）によるソフトウェア機能の利用にとどまらず、PaaS（Platform as a Service）によるOSやデータベースといったプラットフォームの仮想マシンとしての利用や、IaaS（Infrastructure as a Service）による仮想ディスクなどハードウェアリソースの利用でさえもネットワーク経由で可能となる。

　GoogleのGmailは大容量（2008年10月時点で7GB。継続的に増強されている）の電子メールサービスで、市販ソフトに劣らないほどの様々な機能を無料で利用することができる。Googleドキュメントと呼ばれるWeb上で動作するオフィスソフトでは、ワープロやスプレッドシート、プレゼンテーションといった機能をインターネットに接続できるWebブ

ラウザさえあれば利用することができる。また、Amazonでは、インターネット上のサーバ（仮想マシン）をレンタルする「Amazon EC2」と、インターネット上のストレージをレンタルする「Amazon S3」という二つのサービスを提供している。これらのサービスを使えば、数十秒のうちに自分だけの専用サーバやハードディスクがインターネット上で利用可能となる。サーバを起動させて1時間だけ使って停止させた場合の費用はわずか$0.1である。

インターネットさえあれば情報システムを利用できるクラウドコンピューティングは確かに魅力的である。しかし、ここにも光だけでなく影もあることを忘れてはいけない。光の面は低コストで情報システムを利用できることにとどまらない。組織変更や規制強化など経営環境が変化しても、利用するクラウドコンピューティングのサービス契約を変更すればよく、高額で購入したコンピュータを性能が落ちても実情に合わなくなってきても使い続けるということから解放されるだろう。その反面、クラウドコンピューティングに対する依存度が高まれば、システム障害によってサービスが使用できず業務停止に陥る恐れも高まる。複数企業のデータが集まるクラウドコンピューティングには、不正アクセスのリスクもまた高まるだろう。

クラウドコンピューティングがもたらすインパクトはまだある。IT利用における費用面のハードルが低くなるため、従来であれば資金力に余裕がある大手企業しか利用できなかった高額なITソリューションであっても、中小企業やベンチャー企業に手が届くようになる。それどころか、自前で高額なITインフラや情報システムを有する大手企業がシステムを改善できないのを横目に、中小企業やベンチャー企業が最新のITを低額でレンタル利用するということも起きるかもしれない。

企業経営者は、現在進行形でスピードアップしているIT革新の動向を知らずに、事業計画をたてることがいかに危ういことなのかについて認識しなければならない。寡占状態だった業界に突然、グーグル社やアマゾン社が提供する低価格のクラウドコンピューティングサービスを利用するべ

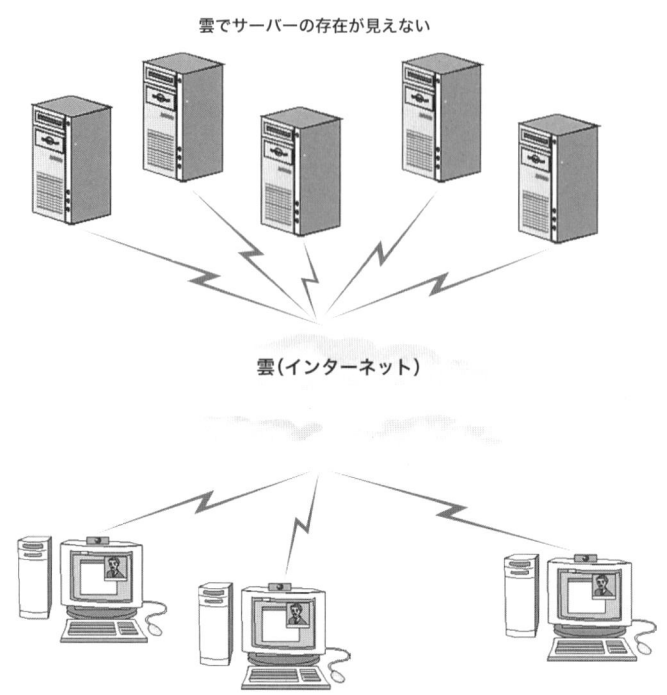

図表2　クラウドコンピューティングの利用イメージ

ンチャー企業が価格破壊を銘打って参入してくることもあり得るのである。

◎情報システム部門に期待される役割の変化

　IT分野における急速な技術革新とクラウドコンピューティングによるサービス化の進展は、情報システム部門の役割も激変させようとしている。5年、10年と使う目的でコンピュータを購入し、その上でソフトウェア開発した情報システムを保守し続けていくといった業務スタイルでは、ITが高度化していくスピードについていけない。その一方で、経営者や業務部門の担当者は、CRMやECといった最新ITを活用した業務革新を図ろうとする。その結果、情報システム部門の手に負えない高度なITは次々にアウトソーシングされ、システム化構想や情報化予算の立案もベ

ンダー依存することになっていった。先にあげたシステム障害の例でも、情報システムの開発や運用をベンダーまかせにしていたためにリスク分析が不十分だったことが報告されている。ITを活用した業務革新においても、業務にITを適用する上で考慮すべき社内事情に対する分析が十分に行われない結果、導入しても運用できないという結果になることが少なくないのである。

　ITに対する専門的な知識やノウハウは社外にアウトソースするとしても、自社におけるITの利用価値を評価し、適用可能性を考えるといったITの目利き力はアウトソースするべきではない。今、情報システム部門に求められているのは、①経営戦略や業務方針にとって有用なITを調達・維持するというマネジメント部門としての役割と、②ITを利用して経営戦略をシフトしたり業務方針をチェンジするというプラニング部門としての役割である。この二つこそまさにITマネジメントといえるものであり、ITマネジメントの担い手として、ITに強くて社内業務を理解する部門として情報システム部門が期待されるのは当然のことといえるだろう。

第1章 ITマネジメントとは何か

1　ITとは何か

◎ ITの歴史をひもとく

　そもそもITとはいつから始まったのだろうか。コンピュータ史をひもとくと、現在のコンピュータの原型を考えたフォン・ノイマンが『電子計算機の理論設計序説』で、2進数のデジタルデータとして電子的に保存したプログラムを逐次処理していくノイマン型コンピュータを1945年に発表した時からITの歴史は始まったといえる。1946年、モークリー、エッカートらによって大砲の弾道計算を目的に18,800本の真空管を搭載したENIACコンピュータが開発された。

　ENIACは人手で7時間余りかかっていた弾道計算をわずか3秒で処理できたが、プログラミングには約6000個のスイッチと配線盤を用いるため、プログラムの入れ替えはきわめて困難だった。1949年にはウィルクスがメモリに水銀遅延管を使い、最初のノイマン型コンピュータであるEDSACコンピュータを開発し、翌1950年にはモークリー、エッカートがノイマンとともにEDVACノイマン型コンピュータを開発する。1951年には、モークリー、エッカートが商用に開発したUNIVAC Iが世界初の商用コンピュータとして発売され、1952年のアメリカ大統領選挙で開票予想に利用された。日本では、1956年に富士写真フイルムの岡崎文次がカメラレンズの設計用に真空管と水銀遅延管を使って、ノイマン型コンピュータであるFUJICを開発し、同年、通商産業省工業技術院電気試験

所でトランジスタを使った ETL Mark III を開発した。

その後、コンピュータは飛躍的な発展をみせる。FORTRAN や COBOL、BASIC といったプログラミング言語が次々に開発され、1968 年には半導体を使った大規模集積回路（LSI）が登場する。そして、1971 年にはインテルが1個の LSI チップだけで全ての演算を処理できるマイクロプロセッサ i-4004 を開発する。マイクロプロセッサの登場によって、コンピュータは小型化と大量生産が可能となり、1980 年以降、低価格なパーソナルコンピュータが次々と登場してくる。

しかし、IT という言葉はこの頃にはまだ使われていない。IT という言葉が使われるようになったのは 1990 年代に入って、インターネットによって世界中のコンピュータが一つのネットワークにつながるようになり、さらには 1999 年に NTT ドコモが i モードサービスを発表し、携帯電話がコンピュータ化して誰もが電子メールやブログといった情報サービスを使うようになった頃からである。しかし、厳密には IT という言葉がいつから使われるようになったのかははっきりしない。そもそも、IT を情報技術だと解釈すれば、世界最初のコンピュータである ENIAC も IT ということになる。IT を情報通信技術だと解釈したとしても、インターネットの登場前からコンピュータ通信やパソコン通信は盛んに行われており、どちらにしても遙か昔から IT は存在していたことになる。

◎現実を投影し情報処理する技術

IT や IT マネジメントについて議論する場合、ある種のいいかげんさを感じることが多いのは、そもそも IT 自体の定義にあいまいさが残ったままだからである。IT という言葉はコンピュータや情報システムといった諸々の情報通信技術を総括したものだということに間違いはない。しかし、コンピュータ有史の創世記までさかのぼってまで含めるのはやはり無理がある。2000 年以降、つまり、21 世紀に入ってさらに高度化した情報通信技術だからこそ実現できるようになってきたことにこそ IT を理解する上でのヒントが隠されているはずである。それは現実を情報に投影する

図表3　コンピュータ年表

1945	『電子計算機の理論設計序説』（フォン・ノイマン）	
1946	ENIAC（モークリー、エッカート）	18,800本の真空管
1949	EDSAC（ウィルクス）	メモリに水銀遅延管を使ったノイマン型コンピュータ
1950	EDVAC（モークリー、エッカート）	ノイマン型コンピュータ
1951	UNIVAC（モークリー、エッカート）	世界初の商用コンピュータ
1952	〃	アメリカ大統領選挙で開票予想に利用
1956	FUJIC（富士写真フイルム）	真空管と水銀遅延管を使用したノイマン型コンピュータ
1956	ETL Mark III（通商産業省工業技術院電気試験所）	トランジスタを使ったノイマン型コンピュータ
1956	FORTRAN（ジョン・バッカス）	科学計算向きプログラム開発言語
1968	LSI（キルビー、ノイス）	半導体を使った大規模集積回路
1960	COBOL（CODASYL）	事務計算向きプログラム開発言語
1971	i-4004（インテル）	1個のLSIチップで全ての演算を処理できるマイクロプロセッサ
1972	C（ベル研究所）	オブジェクト指向プログラム開発言語
1972	ダイナブック構想（アラン・ケイ）	個人向けコンピュータ
1981	MS-DOS（Microsoft）	パソコン向けOS
1984	Macintosh（Apple）	Apple社パソコン
1990〜	インターネット	世界中のコンピュータが一つのネットワークにつながる
1995	java（サン・マイクロシステムズ）	ネットワーク環境向きプログラム開発言語
1995	Windows95（Microsoft）	GUIやマルチタスクなど使いやすさで普及したパソコンOS
1999	iモード（NTTドコモ）	携帯電話のコンピュータ化
2007	iPhone（Apple）	OS Xのサブセット版が搭載されたスマートフォン

図表4　トマホーク巡航ミサイル

ウィキペディアより引用
http://ja.wikipedia.org/wiki/%E3%83%95%E3%82%A1%E3%82%A4%E3%83
%AB:Tomahawk_Block_IV_cruise_missile.jpg

ことである。初期の頃のコンピュータでは、大陸弾道計算にせよ選挙予測にせよ、人手に変わって高速に自動計算することが利用目的だった。しかし、今は、人工衛星やステルス航空機、偵察ヘリコプターから敵地の情報を収集し、全地球測位衛星システム（GPS）によって解析された緯度経度情報と地表地形情報にもとづいて、航法システムを搭載した巡航ミサイルが無人で自律飛行する時代である。そこにあるのは、自動計算は複雑高度な情報システムの一つの要素機能にすぎず、ITの本質として認識すべきことは、巡航ミサイルは見たこともない地理地形を仮想的に情報投影したGPS情報によって現実に飛行しているという事実である。

　ITは単なる情報通信技術の総称ではなく、その本質は「現実を投影し情報処理する技術」であり、そのために利用される情報通信技術をITとよぶとすれば、最新のIT利用事例も理解しやすくなり、新たなIT利用のアイデアも出しやすくなる。たとえば、SFA（Sales Force Automation）やCRM（Customer Relationship Management）と呼ばれ

る営業支援システムや顧客関係管理システムは、営業担当者と顧客との間の関係を情報投影し、次に起こすべきアクションを自動計算する。自動計算の結果にもとづいてロボットが客先を訪問するにはまだ時間がかかるかもしれないが、電子メールの自動送信や顧客専用Webサイトの内容を自動カスタマイズするというリカメンデーション技術はまさに、巡航ミサイル技術の民間利用といってもよいのではないだろうか。

◎デジタル化がもたらす高度な情報処理

　現実を情報に投影するだけであれば、紙やフィルムといったアナログ媒体でも可能である。しかし、情報をデジタル化して投影することによって、計算や分類、検索といった情報処理をコンピュータに高速実行させることが可能となる。デジタルカメラで撮影した写真は画像編集ソフトを使って不要な部分を消したり背景をぼかしたりすることができる。紙の上に書かれた価格表や顧客台帳などを表計算ソフトやデータベースソフトにのせかえれば請求金額を自動計算したり過去の営業記録を検索したりすることができるようになる。弾道計算プログラムは今や自動航行プログラムへと形を変えている。軍事だけでなく民生においても、遺伝子解析や宇宙工学、気象シミュレーションなど高度な数学や統計学上の計算を必要とする分野でコンピュータは不可欠なものとなっている。そして、マイクロプロセッサの高速化など飛躍的に性能アップしてきたコンピュータは、さらに、量子コンピュータの登場によって、さらに驚異的な飛躍を迎えようとしている。量子コンピュータは、1945年以降、長年続いてきたノイマン型コンピュータの設計思想から離脱し、物質の量子力学的効果を利用することによって、2進数のデジタルデータを逐次処理するこれまでのコンピュータでは事実上解けなかった膨大な並列計算でも一瞬で処理することができる。移動距離が最短となる経路を探し出す巡回セールスマン問題や、多数桁の因数分解にもとづく暗号も、量子コンピュータは解いてしまう。量子コンピュータは、ビジネス革新を創出するとともに、新たなセキュリティ問題も生み出すことだろう。

◎情報と通信の融合によるIT投影能力の飛躍的拡大

　コンピュータだけでも「現実を投影し情報処理する技術」として大きな威力を持っているが、コンピュータにインターネットなどの通信技術が連係することによって、計り知れない可能性が生まれる。誰かが現実の世界を情報投影しない限り仮想の世界はつくることができない。具体的には誰かがコンピュータにデータ入力しなければならないということである。しかし、コンピュータ同士がネットワーク接続することによって、お互いのデータを交換することができるようになる。その結果、現実世界を情報に投影した仮想世界の範囲が広がり、仮想世界だけで現実世界の変化を知ることができ、仮想世界にアクションするだけで現実世界に影響を与えることができるようになる。企業同士が販売システムと調達システムを連結して発注データや出荷データを交換すれば、受注登録や入荷登録といった作業から解放される。ネットショップを利用すれば地球の裏側にある靴屋さんからスニーカーをいとも簡単に購入することができる。情報と通信の融合はまさに世界の距離を縮め、時差をもなくしてしまったといえるだろう。

　1971年に開発されたマイクロプロセッサは、今や無線という通信技術さえそのチップ内に手に入れて、無線ICタグ（RFID）としてさらにパワーアップしている。無線ICタグによって、現実世界全てを仮想世界に投影することさえ視野に入ってきた。電波で電力供給を受ける無線ICタグの場合は、紙でも衣類でも埋め込むことができる。国土交通省では無線ICタグを利用して、ユビキタス情報社会の実現をめざしている。道を歩いていたり車に乗っていると、携帯電話やカーナビに道路や道路標識、電柱などあらゆるものが話しかけてきて、エリア情報や緊急事態を教えてくれるという話ももはやSF小説の中だけの話ではない。ユビキタスには「どこにでも存在する」という意味がある。ユビキタスに接続されるものはパソコンはもちろんのこと、冷蔵庫や電子レンジといった家電製品、玄関や浴室など住宅設備、自動車、自動販売機など現社会に存在するあらゆるものが対象となりうる。通信技術が有線から無線LANやブルートゥースなど無線技術に、ネットワークで利用されるIPアドレスもほぼ無限のアドレ

ス付与が可能なIPv6にそれぞれシフトしているのも、ユビキタス情報社会の実現に向けてのものである。

◎仮想化技術で高度化するIT

ITの高度化は情報と通信の融合だけにとどまらない。仮想化技術によっても、情報投影の能力をアップさせている。クラウドコンピューティングがまさにそれであり、SaaS、PaaS、IaaSによって、携帯電話や腕時計がスーパーコンピュータが持つ超高速CPUや大容量ディスクを利用することができるようになる。携帯電話によるリモートアクセスサービスはもはや当たり前であり、職場や自宅のパソコンを操作することができる。

営業担当者が客先でノートパソコンや携帯電話を開いて、社内システムにアクセスするのもめずらしいことではない。インターネットを通じて家庭のパソコンの空いているCPUパワーを集め、暗号解読や医療研究、画像処理といった複雑な処理を行わせるグリッドコンピューティングも実用段階に入っている。

ITが使えるから有能な社員とは一概に言えないだろう。しかし、ITが使えない社員はITが使える社員から見れば明らかに組みやすしである。イラク戦争で情報技術を駆使して圧勝した米国をみて、軍備のIT化を推し進めている中国のように、民間企業もまた、グーグルやアマゾンというインターネットの勝ち組企業をみて経営のIT化を推し進めるべきではないだろうか。

2　ITマネジメントとは何か

◎ITマネジメントにおけるモデリングの意義

ITマネジメントは一般的に、経営や業務のためにITに関する企画・導入・運営および活用を適正に行うこととされている。しかし、ITを情報通信技術とするのと同様に、これではITという言葉が使われていなかっ

た時代における情報システム業務との違いがはっきりしない。現実を投影し情報処理する技術であるITによって企業経営を適切に投影し、企業経営に役立つように効果的に情報処理することがITマネジメントの命題であり、そのために必要となる具体的な業務がITに関する企画であったり導入や運営、活用ということになるのである。

　企業経営を情報に投影するために必要となるのがモデリングである。モデリングとはまさに現実世界を単純化した仮想世界に投影する技術のことであり、昔からある身近な例で言えば、地図づくりもモデリングにあたる。モデリングには作成したモデルを使って何かに利用するという目的が先にある。地図にも利用目的別にロードマップや登山マップ、観光マップ、緊急避難マップなどが作成されている。情報システム開発では、まず現行業務を分析するためにフローチャートやユースケースなどが作成され、新システムを企画するためにDFDやクラス図などが作成される。

　現行業務の分析においてモデリングを行うことによって、業務全体を鳥瞰し、改善すべき問題の原因や関連性を発見しやすくなる。新システムの企画においてモデリングを行うことによって、無数の構成要素から成る複雑大規模な情報システムの構造を段階的に詳細化していくことができるのである。なお、ITマネジメントにおけるモデリングの意義の詳細については第2章で言及する。

図表5　主なモデリング技法の種類

モデリングの種類	概要
業務フロー	業務の流れを視覚化
システム概念図	システムの全体像を鳥瞰する
DFD（データフローダイヤグラム）	データの入出力・流れ・処理を記述
ERD（エンティティーリレーションシップダイヤグラム）	データの構造や関係を記述
ユースケース図（UML）	システムに対する要件を特定
クラス図（UML）	システムの構造を論理的に表現
アクティビティ図（UML）	実行順序や条件、制御などの依存関係
ロバストネス図	オブジェクトの協調作業を表現
EA（エンタープライズアーキテクチャ）	組織全体の業務やシステムを体系化する

◎ ITマネジメントを構成する情報処理業務

次に、効果的に情報処理するために必要となってくる業務がシステム設計やプログラミングである。しかし、情報システムが大規模・複雑化する中で、システム設計やプログラミングだけでは済まなくなってきた。経営戦略や投資効果をふまえた段階的・拡張的なシステム構築や、システム化に伴う組織や業務手順の変更、障害や不正アクセスなどに対する情報セキュリティといったことまで考慮しなければ大規模な情報システムは構築できない。これらの業務はITを利用してビジネス革新を図っていく上で、システム設計やプログラミングといった情報処理業務が高度化してきたものであり、一般的にITマネジメント業務と呼ばれている。情報処理業務は、①情報戦略、②投資評価、③リスクマネジメント、④人材育成、⑤アーキテクチャ、⑥プロジェクトマネジメント、⑦システム開発、⑧システム運用、⑨委託管理、⑩コンプライアンスといった十の領域に整理することができる。

なお、ITマネジメントにおけるモデリングと情報処理の詳細については第2章で言及する。

図表6　情報処理業務の十の領域

情報処理業務の領域	概要
①情報戦略	ビジネス環境分析とEAにもとづく情報戦略の立案
②投資評価	IT利用における費用対効果の評価
③リスクマネジメント	IT利用に伴うリスクの把握と対策
④人材育成	従業員に対するITリテラシー教育と高度情報処理技術者の育成
⑤アーキテクチャ	情報戦略を具現化するためシステム化モデリング
⑥プロジェクトマネジメント	大規模なプロジェクトに活動に対する計画、統制、評価
⑦システム開発	システム設計やプログラミング
⑧システム運用	運用計画、オペレーション、ヘルプデスク、運用改善、障害対応
⑨委託管理	委託先の選定、契約、監視監督、評価
⑩コンプライアンス	IT契約の締結、法的要求のシステム対応

◎ IT マネジメントによるビジネス革新

　企業経営をモデリングし情報処理しただけでは意味がない。その結果として企業経営が改善強化されなければならない。IT マネジメントに類似するものとして IT 経営という言葉もある。IT マネジメントを「モデリングと情報処理によるビジネス革新」であると考えれば、IT 経営が IT マネジメントによって革新されたビジネスであることは明白である。そして、IT 経営が IT マネジメントの成功を意味するのであれば、IT 経営の事例を学ぶことは IT マネジメントを理解する上でも意義があるはずである。

　請求書発行など事務の効率化を目的としたコンピュータ利用とは違い、IT 利用によって実現するビジネス革新は高度かつ多様性を持つ。マーケティング分野におけるデータベースやインターネットの利用や、ロジスティクス分野における無線 IC タグの利用、マニュファクチュアリング分野における CAD/CAM の高度化、アカウンティング分野における XBRL 化、経営者向けのマネジメント分野におけるビジネスインテリジェンスなど、新たな IT 経営への取り組みが始まっている。IT 経営のパターンは固定的なものではなく、IT の高度化と IT 利用のアイデアの創出によって、今後も多様なパターンとなって世に出てくるだろう。

　なお、IT マネジメントによるビジネス革新の詳細については第 3 章で言及する。

第2章 ITマネジメントにおけるモデリングと情報処理

1　ITマネジメントにおけるモデリングの意義

◎モデリングによる「可視化」と「抽象化」

　企業経営を投影するための方法として古くから使用されているのが業務フローである。業務フローを書くことによって、現実の業務の流れがどうなっているのか鳥瞰できるようになる。その業務をどのように行うのかといった詳細を省き、業務と業務の関係性や情報の流れだけを浮かび上がらせているからである。業務フローはモデリング技法の一つである。モデリングとは現実を投影するための技法であり、まさに「可視化」のために役立つものである。また、モデリングは、見えるものの中から必要なものだけを抜き出して、それ以外は見えなくしてしまうという「抽象化」のためにも役立つ。「抽象化」することによって、問題や課題をはっきりと浮かび上がらせることができる。次の絵を見ていただきたい。この絵は俯瞰図とよばれるもので、平安時代の貴族の生活を伝えるために、そこにあるべきはずの屋根がない。屋根をあえて描かないことによって、部屋の中の様子をはっきりと浮かび上がらせている。

　反対に次の絵を見ていただきたい。この絵はだまし絵とよばれるもので、文字が隠されている。文字や記号のようにみえる図形の部分に着目していると見えてこないが、背景の部分に着目すると、「LIFE」という文字が浮かび上がってくる。見るべきものをみるためには不必要なものをフィルタしなければならない。伝えるべきことを伝えるためには必要なものを

強調しなければならない。組織の中でも同じようなことが起きている。わかっている者には当たり前のことであり、わからないということが理解できないが、わからない者にとってはさっぱり理解できない。「LIFE」という文字があると教えられたとしても、同じ手法で書かれただまし絵は全く読めないのと同じように、本人も周りの人間も、本当はわかっていないということがわかっていない社内常識がないとは限らないのである。

　ITが現実を投影するために利用できる技術であることから、モデリング自体にITを適用することも考えられる。バイオテクノロジーでは、遺伝子やたんぱく質の構造をCG（コンピュータグラフィック）を使って立体モデル化することによって、構造解析や医薬品効果のシミュレーションなどが行われている。情報システムの企画、設計のためのモデリングにおいてもITの利用は不可欠となっている。画面の動きだけをプログラミングして情報システムの完成イメージを確認するプロトタイピングはまさにITを利用したモデリングそのものであるといえる。業務フローやユースケースといった一般的なシステム設計書もまた、版管理や部品化のために、さらには自動プログラミングを目的としてCASE（Computer-Aided Software Engineering）ツールと呼ばれるIT製品が利用されているようになってきている。

◎ ITマネジメントにおけるモデリングの位置づけ

　情報システム部門ではモデリングをシステム企画や設計のためのものと理解されていることが多い。確かにシステム企画や設計においてはモデリングが不可欠なものとなっている。しかし、情報システムの構築にかかわらず、既存の情報システムを運用、保守していくためには、ハードウェアやネットワークといったアーキテクチャ構成や、運用フローなどについてドキュメント化しておくことが必要である。こうしたドキュメントが整備されていない場合、情報システムの運用、保守業務がマネジメントされていないことに他ならない。モデリングはシステム企画や設計だけでなく、前述したITマネジメントを構成する十の情報処理業務全てにおいて利用

第2章 ITマネジメントにおけるモデリングと情報処理

図表7　屋根が省略された俯瞰図

図表8　文字が隠されただまし絵

されるものなのである。

　企業経営において業務を計画し、実施、評価していくためには、問題や課題を明確にしてくれるモデリング技法を活用することが有効である。言い換えれば、IT マネジメントに限らず、PDCA を行う全てのマネジメント活動においてモデリングは行われる。品質マネジメントシステム（ISO9000）における QC 工程図や、食品安全マネジメントシステム（HACCP）におけるフローダイアグラム、労働安全マネジメントシステム（OHSAS）における HAZOP など、As-Is（現状）と To-Be（将来）を分析するためのさまざまなモデリング技法が開発されている。

◎業務モデリングによる As-Is（現状）から To-Be（将来）の導出

　現行業務のイメージ（As-Is）と業務改善後のイメージ（To-Be）を可視化するためにも、業務フローなどを利用した業務モデリングが行われる。

　業務モデリングの目的は、現行業務を精密に写実することではなく、現行業務の構造を抽象化して把握しやすくすることである。そのためには不要な情報部分は見えなくし、必要な情報部分だけを見えるようにすることが重要となる。あまりに細かい粒度の業務フローは、個々人の業務改善には使えるかもしれないが、組織全体での業務改善には使えない。たとえば、同一人物によって一連の作業として行われるような「受注画面の呼び出し」と「受注データの登録」といった業務を分ける必要はないが、別人が行うような「受注データの登録」と「受注データの承認」といった業務は分けるべきである。

　業務モデリングはビジネスの姿を投影した地図あるいは天気図を書くための技術であるといえる。地図や天気図がそうであるように、書き方を統一しておけば人がつくったものでも読み取ることができる。経営者と業務責任者、経営者や業務責任者と情報システム化責任者との間で、As-Is（現状）と To-Be（将来）について共通の認識を持てるようにするためには、モデリング作業を担当者まかせにするのではなく、それを読み取る力を IT リテラシーとして全社的に身につけるようにしていくことが重要であ

る。業務モデリングの方法としては、一般的な業務フローの他、業務モデル（情報化アーキテクチャ）やDMM（機能構成図）、ユースケースといったものがある。業務モデルは組織全体を見渡すのに適し、DMMは業務フローの内容をコンパクトに表記するのに適し、ユースケースは対話的に行われる業務を記述するのに適している。

◎情報から業務の本質に迫るデータモデリング

　営業や製造方法など、人が変わると仕事のやり方は変わるが、顧客情報や商品情報、図面、仕様書など、仕事に必要となる情報はあまり変わることはない。このことに着目したのがデータ中心アプローチというシステム設計技法であり、データ中心アプローチで重視されるのがデータモデリングである。データモデリングでは、業務におけるデータの流れを投影するDFD（データフローダイアグラム）と、業務利用されるデータ種類とデータ間の関係性に着目してデータの構造を投影するERD（エンティティリレーションシップダイアグラムの二つのドキュメントが作成される。

　ERDでは、情報を部品化する「正規化」の概念が重要となる。「正規化」では、伝票や帳票など業務で実際に利用される情報を「情報製品」として認識し、「情報製品」を組み立てるための「情報部品」を仮想する。データベース設計における「正規化」では、「情報部品」を仮想するのではなくテーブル設計して実装するが、業務分析における「正規化」では、現実に存在する情報を仮想モデルとしてのERDに投影することに注意していただきたい。現実にはそのような「情報部品」が現場で意識されていなくても、そのように見た方が情報の本質を可視化することができる。たとえば、「受注情報」という情報製品は、「商品情報」や「顧客情報」「注文情報」「注文明細情報」といった情報部品が組み立てられている。「製造指示情報」や「出荷指示情報」の中にも、「商品情報」や「顧客情報」「注文情報」「注文明細情報」などの情報部品が利用されていることがERDを通じて見えてくれば、データの流れを投影するDFDと合わせて、情報の共有や連携について改善イメージが見えてくるのである。

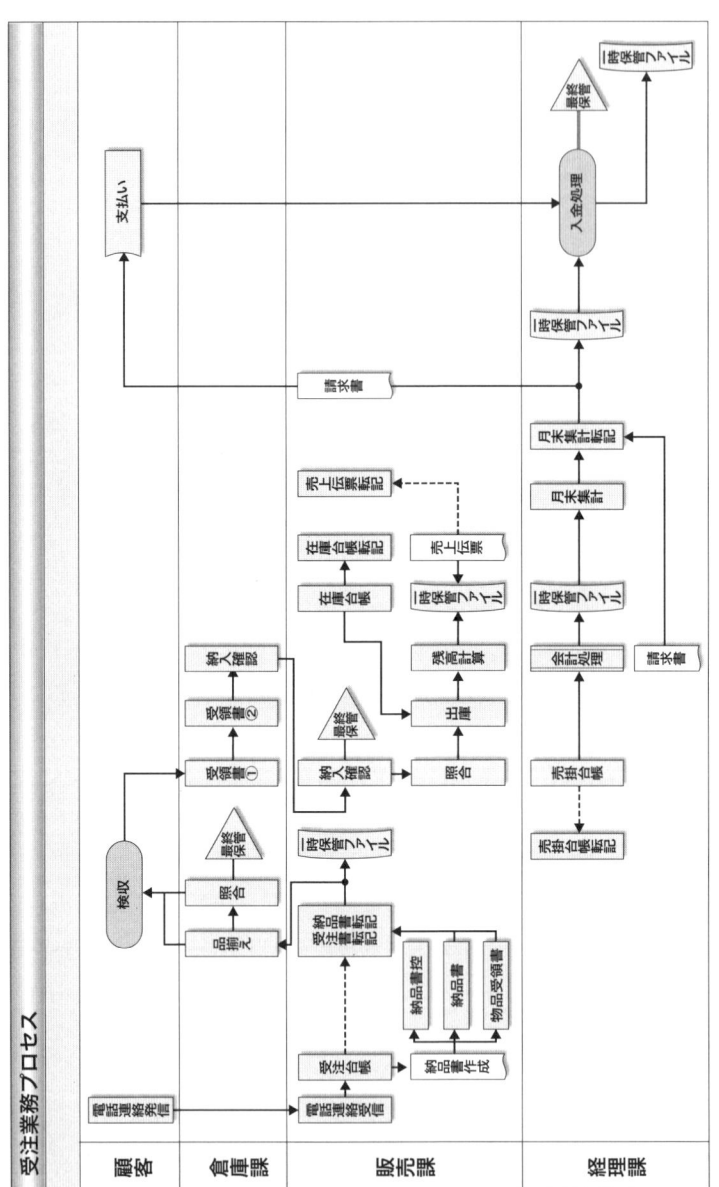

図表 9　業務フローの作成例

Microsoft Office Visio 2003 サンプルギャラリーより引用、編集
http://www.microsoft.com/japan/office/previous/2003/visio/prodinfo/gallery/default.mspx

第2章 ITマネジメントにおけるモデリングと情報処理

図表10 業務モデル(情報化アーキテクチャ)の作成例

33

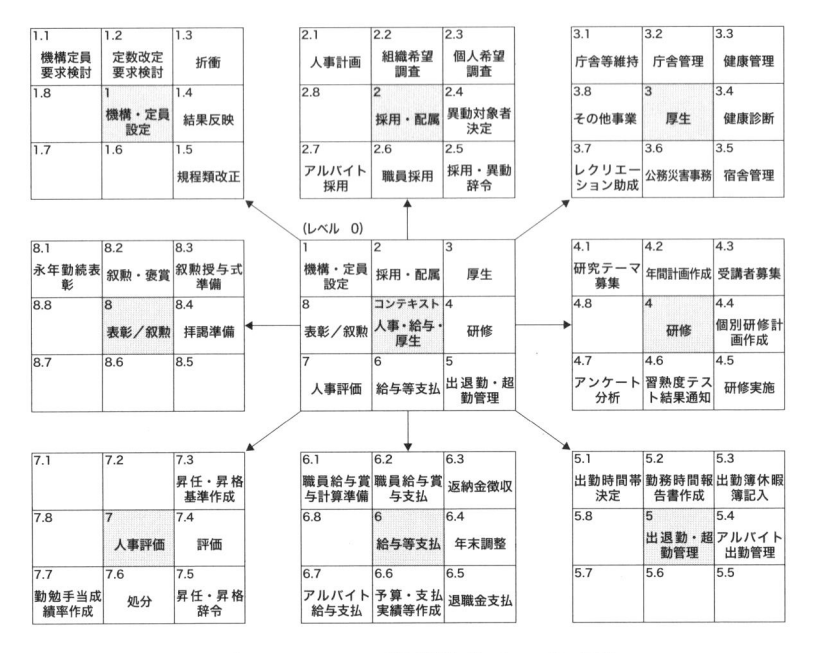

1.1 機構定員要求検討	1.2 定数改定要求検討	1.3 折衝		2.1 人事計画	2.2 組織希望調査	2.3 個人希望調査		3.1 庁舎等維持	3.2 庁舎管理	3.3 健康管理
1.8	1 機構・定員設定	結果反映		2.8	2.4 採用・配属	異動対象者決定		3.8 その他事業	3 厚生	3.4 健康診断
1.7	1.6	1.5 規程類改正		2.7 アルバイト採用	2.5 職員採用	2.6 採用・異動辞令		3.7 レクリエーション助成	3.6 公務災害事務	3.5 宿舎管理

(レベル 0)

8.1 永年勤続表彰	8.2 叙勲・褒賞	8.3 叙勲授与式準備		1 機構・定員設定	2 採用・配属	3 厚生		4.1 研究テーマ募集	4.2 年間計画作成	4.3 受講者募集
8.8	8 表彰/叙勲	8.4 拝謁準備		8 表彰/叙勲	コンテキスト 人事・給与・厚生	4 研修		4.8	4 研修	4.4 個別研修計画作成
8.7	8.6	8.5		7 人事評価	6 給与等支払	5 出退勤・超勤管理		4.7 アンケート分析	4.6 習熟度テスト結果通知	4.5 研修実施

7.1	7.2	7.3 昇任・昇格基準作成		6.1 職員給与賞与計算準備	6.2 職員給与賞与支払	6.3 返納金徴収		5.1 出勤時間帯決定	5.2 勤務時間報告書作成	5.3 出勤簿休暇簿記入
7.8	7 人事評価	7.4 評価		6.8	6 給与等支払	6.4 年末調整		5.8	5 出退勤・超勤管理	5.4 アルバイト出勤管理
7.7 勤勉手当成績率作成	7.6 処分	7.5 昇任・昇格辞令		6.7 アルバイト給与支払	6.5 予算・支払実績等作成	6.6 退職金支払		5.7	5.6	5.5

図表11 DMM（機能構成図）の作成例

日揮情報システム株式会社製品情報より引用、編集
www.jsys-products.com/iwaken/ea.pdf

◎機能とデータをまとまりで考えるオブジェクト指向

　業務モデリングは機能にデータモデリングはデータに着目して現実を投影しようとするのに対して、関連し合う機能とデータのまとまりに着目して現実を投影しようとするのがオブジェクト指向によるモデリングである。ちょうど、業務モデリングのところで前述した業務モデル（情報化アーキテクチャ）の縦（機能）と横（データ）のマトリックスの中で関連し合うものをクラスという概念でまとめたものである。クラスには基本となるデータに関連する機能が付随する形で定義される。オブジェクト指向が優れているのは、業務モデリングやデータモデリングのように、一つの世界を複数の部品から構成されていると見るのではなく、いくつかの独立自律するクラスという部分世界から成り立ち、個々のクラスが複数の部品

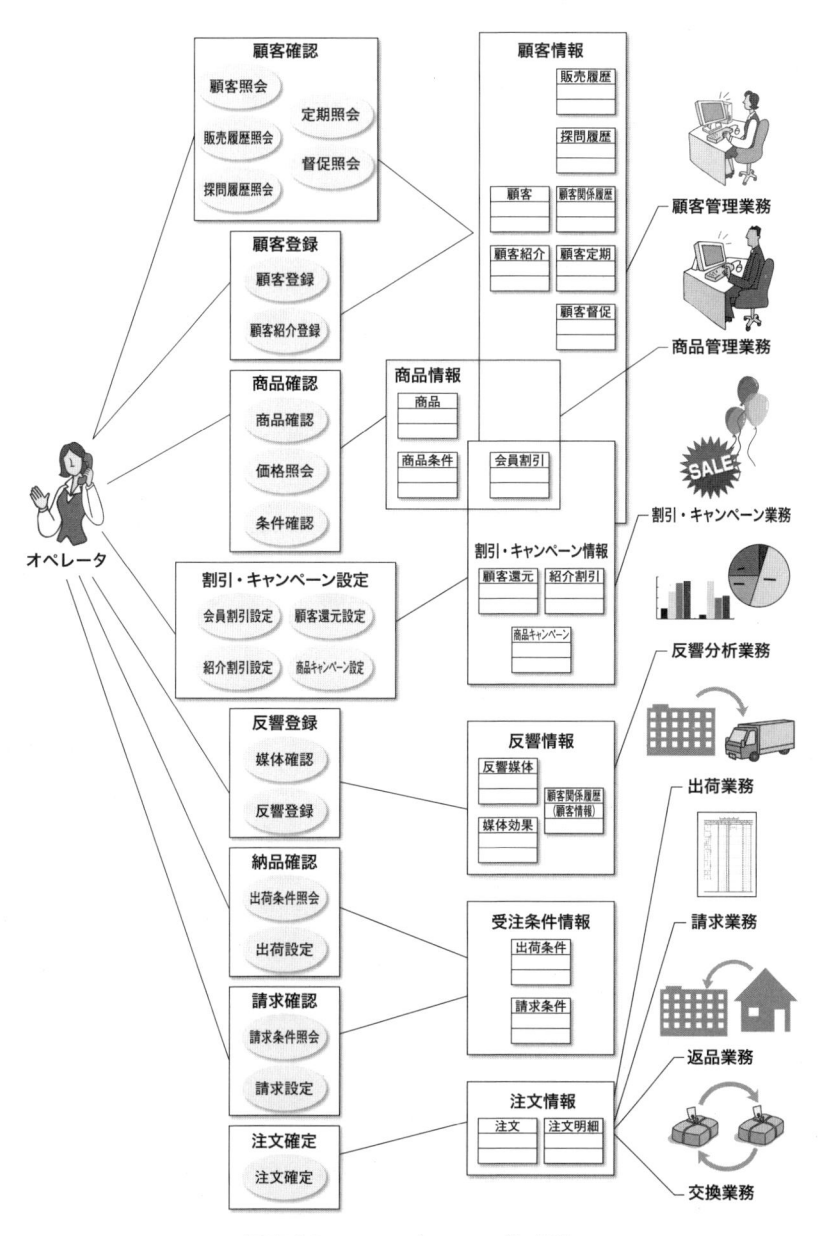

第2章 ITマネジメントにおけるモデリングと情報処理

図表12　ユースケースの作成例

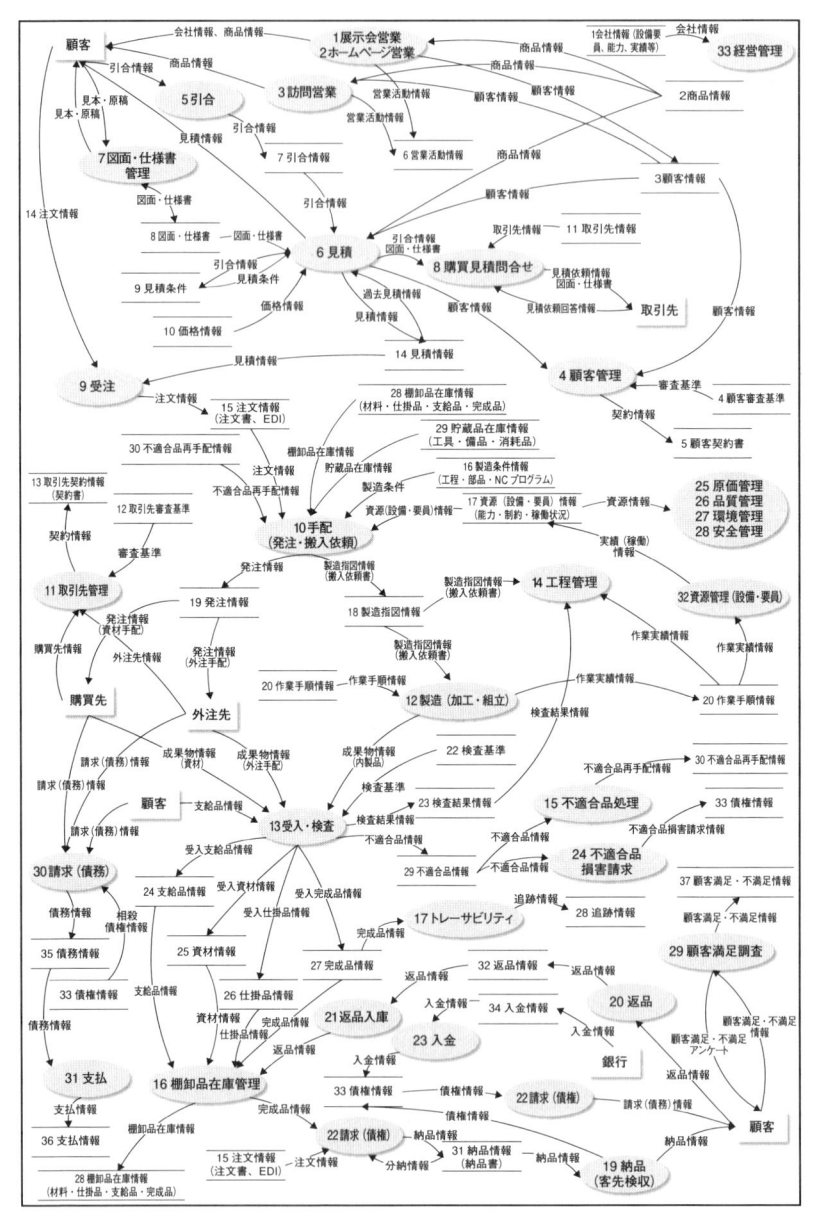

図表13 DFDの作成例

第 2 章 IT マネジメントにおけるモデリングと情報処理

1 会社情報
会社名
会社説明
組織情報
事業情報
設備情報
要員情報
技術情報
実績情報

6 営業活動情報
営業活動日
営業活動区分
営業活動場所
営業活動内容
ターゲット顧客層
反応状況

2 商品情報
商品名
商品分類
商品説明
価格情報
見本情報
必要設備
必要要員
必要技術
実績情報
見積上の留意点
販売上の留意点
製造上の留意点
利用上の留意点

10 価格情報
商品名
販売期間
販売地域
販売顧客
価格情報

3 顧客情報
顧客名
顧客分類
顧客説明
組織情報
事業情報
割引条件
納品条件
請求条件
入金条件
実績情報

5 顧客契約情報
顧客名
件名
契約日
本文情報
関連法規
更新情報
担当者

4 顧客審査基準
受注条件
与信条件

11 取引先情報
取引先名
取引先分類
取引先説明
組織情報
事業情報
割引条件
検収条件
支払条件
品質管理の評価
環境管理の評価
情報セキュリティの評価
実績情報

7 引合情報
引合番号
件名
引合日
顧客情報
件名説明
希望価格
希望納期
図面の有無
リピート区分
担当者

8 図面・仕様書
図面・仕様書番号
図面・仕様書名
図面・仕様書分類
図面・仕様書説明
管理情報(受理、移送・返還)

14 見積情報
見積番号
件名
見積日
顧客情報
件名説明
商品情報
図面・仕様書情報
要件定義情報(使用設備・要員・技術、工数)
見積価格
見積納期
見積条件
見積結果
担当者

15 客先生産予定情報
客先生産予定番号
件名
客先生産予定日
顧客情報
件名説明
商品情報
図面・仕様書情報
要件情報
納期情報
価格情報
担当者
客先生産予定媒体情報

16 注文情報
製番(注文番号)
件名
受注日
顧客情報
件名説明
商品情報
図面・仕様書情報
要件情報
納期情報
価格情報
設計指示
製造指示
納品指示
担当者
注文書媒体情報
引合番号
見積番号
客先生産予定番号

34 不適合品再手配情報
製番(不適合品再手配番号)
元製番(注文番号)
再手配日
再手配取引先(請求先)情報
設計指示
製造指示
納品指示
担当者

17 製造条件情報
標準製番
工程番号(順番)
作業分類(上位工程)
前提工程情報
入力(支給品、資材、仕掛品、完成品)
必要資源(設備、要員、NCプログラム情報)
処理内容
出力(成果物)
後続工程情報
コスト基準(目標)
納期基準(目標)
品質基準(目標)
環境基準(目標)
情報セキュリティ基準(目標)

20 製造指図情報
手配番号
手配日
製番
作業名
作業部署
入力(支給品、資材、仕掛品)
必要資源(設備、要員、NCプログラム情報)
処理内容
出力(成果物)
後続工程情報
コスト条件
納期条件
品質条件
環境条件
情報セキュリティ条件
担当者

22 作業手順情報
作業(タスク)名
作業分類(上位タスク)
前提タスク
入力(材料)
必要資源
処理内容
出力(成果物)
後続タスク
課金単位
納期基準(目標)
品質基準(目標)
環境基準(目標)
情報セキュリティ基準(目標)

23 作業実績情報
手配番号
製番
作業名
開始予定日
完了予定日
開始日
完了日
納期実績
品質実績
環境実績
情報セキュリティ実績

24 検査基準
検査基準名
基準分類
合否水準
不合格時の措置

25 検査結果情報
製番
手配番号
ロット情報
件名
検査日
検査結果

図表14 ERDの作成例

から構成されていると見ることによって、全体に影響を与えることなく、一部分だけを改善したり置換することができることにある。オブジェクト指向によって開発されたソフトウェアは、メッセージと呼ばれるインターフェイスによってクラス間の連係が行われる。組織間の業務連係においても、伝票などを使ったオーダーによって行われていれば、業務の変更が容易なはずである。属人的な業務があいまいな方法で連係されている状況では、人事異動やルール変更によって組織全体が混乱に陥りかねない。

　オブジェクト指向はシステム設計やプログラミング分野ではよく利用されているが、業務分析やシステム企画の分野での利用は十分に行われているとはいえない。業務改善やビジネスモデルの立案に向けた業務モデリングの方法としてもオブジェクト指向の考え方が有効であることをもっと認知されるべきである。

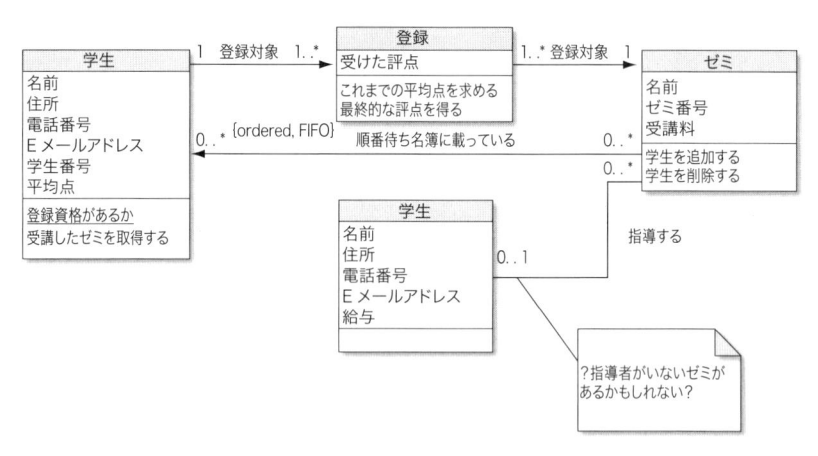

図表15　クラス図の作成例

アジャイルモデリング公式サイトより引用、編集
http://www.ogis-ri.co.jp/otc/swec/process/am-res/am/artifacts/classDiagram.html

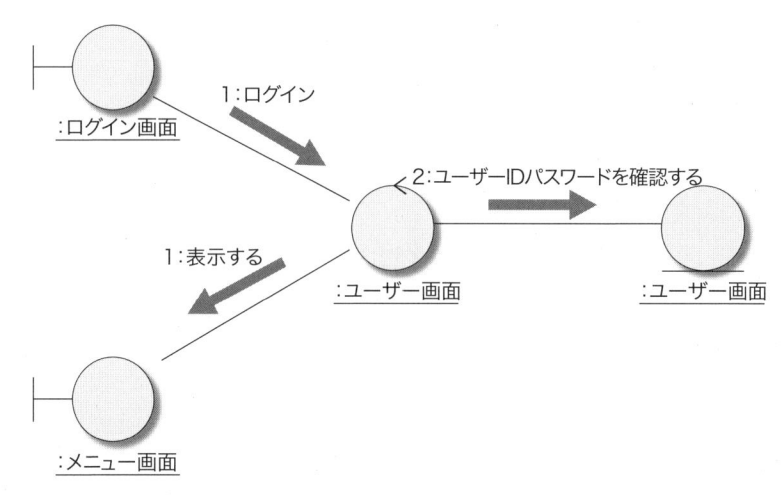

図表16　ロバストネス図の作成例

実践ロバストネス分析（オージス総研）サイトより引用、編集
http://www.ogis-ri.co.jp/otc/hiroba/technical/RobustnessAnalysis/RA1/

◎横断的視点で共通関心事をとらえるアスペクト指向

　オブジェクト指向はクラスの自律独立性を重視したために、クラス間の関連性に弱点を持っている。オブジェクト指向では複数のクラスが同じ機能や情報を別々に持ってしてしまうことがある。受注と生産計画という異なる業務を考えてみてほしい。異なる業務とはいえ、商品情報を両方の業務とも参照し、特注が入れば生産計画も変更しなければならない。その結果、受注にも生産計画にも、「商品情報の参照」や「納期の変更」といった業務の重複が生じてしまうのである。

　アスペクト指向はこうしたオブジェクト指向の問題点を解決するために登場したものである。

　アスペクト指向ではクラス間の関連性や相互作用に着目し、複数のクラスに対して横断的に出現する共通的な関心事（アスペクト）を分離して、必要に応じて呼び出すという考え方をとっている。業務モデリングの技法であるユースケースで併用されることの多いロバストネス分析はアスペクト指向によるモデリングの代表例である。ロバストネス分析では、ユー

スケースを、①外部アクター（要求主体：人や組織）、②バウンダリ（境界：画面からの操作、帳票への表現）、③コントロール（制御：手順や論理）、④エンティティ（実体：データやクラス）という四つの関心事で分離する。ロバストネス分析とよく似た概念を持つものに MVC と呼ばれる Java 開発などで採用されるソフトウェア設計モデルもある。MVC ではソフトウェア機能を、①処理の中核を担う「Model」、②表示・出力を司る「View」、③入力を受け取ってその内容に応じて View と Model を制御する「Controller」の 3 要素に分けて記述する。

　ロバストネス分析も MVC も、業務分析後のシステム設計で利用されることが想定されているが、業務の本質を見抜くという目的からは、業務モデリングに適用することもおかしなことではない。むしろ、伝票や作成資料といった表に見える仕事の成果を「バウンダリ」として抽象化し、業務担当者の仕事を、作業手順としての「コントロール」と、担当者が従う（暗黙のものも含めて。）業務ルールや価格表といった「エンティティ」に分解して可視化することによって、問題の根っこを探り出すことが期待できるのではないだろうか。

◎情報システムを「見える化」する IT アーキテクチャ

　モデリングは業務分析やシステム企画、設計の場面だけでなく、情報処理業務全般にわたって利用されるものである。IT アーキテクチャにおいても、業務量の増大や情報セキュリティ（障害対策や不正アクセス防止）の確保といった要求に対応するために、現在のシステム基盤の能力把握（AsIs）や、将来に向けたシステム基盤計画の構想（ToBe）といったモデリングが不可欠となる。様々なベンダー製品を組み合わせて複雑、大規模な情報システムを構築しなければならない状況においては、情報システムを構成する技術要素全体を見渡せる IT アーキテクトと呼ばれる職種の需要性が高まっている。また、既存システムを生かしたままシステム基盤を最新化する仮想化の適用や、企業合併などのために異なるシステム基盤上で動く情報システム同士を統合するなど、IT アーキテクトがビジネス革

新に貢献することも少なくない。ITアーキテクチャにおけるモデリングでも重要となるのは「可視化」と「抽象化」である。特に、中身が見えずブラックボックスになりがちなコンピュータやネットワークを見えるようにすることは、情報システム部門やベンダーに丸投げになりがちな経営者自身がITリスクとチャンスについて考えられるということに結びつくものである。

経済産業省のITSS（ITスキル標準）では、ITアーキテクトが行うべきモデリングとして、以下の三つの専門分野を提示している。

図表17　ITSSが定めるITアーキテクチャの3つの専門分野

	アプリケーション・アーキテクチャ	インテグレーション・アーキテクチャ	インフラストラクチャ・アーキテクチャ
要件定義	ビジネスおよびIT上の課題を分析し、機能要件として再構成する	全体最適の観点から異種あるいは複数の情報システム間の統合および連携要求を分析し、統合および連携要件として再構成する	ビジネスおよびIT上の課題を分析し、システム基盤要件として再構成する
アーキテクチャ設計	機能属性、仕様を明らかにし、アプリケーション・アーキテクチャを設計する	統合および連携仕様を明らかにし、インテグレーション・アーキテクチャを設計する	システム属性、仕様を明らかにし、インフラストラクチャ・アーキテクチャを設計する
実現可能性の評価	設計したアーキテクチャがビジネスおよびIT上の課題に対するソリューションを構成することを確認するとともに、後続の開発、導入が可能であることを確認する	設計したアーキテクチャが統合および連携要求を満たすことを確認するとともに、後続の開発、導入が可能であることを確認する	設計したアーキテクチャがビジネスおよびIT上の課題に対するソリューションを構成することを確認するとともに、後続の開発、導入が可能であることを確認する

@ITより引用、編集
http://www.atmarkit.co.jp/fdotnet/special/architectpractice/architectpractice_01.html

①アプリケーションアーキテクチャ

　プログラムやデータなどの技術的構造。信頼性や可用性、ユーザビリティといった業務要件には出てこないソフトウェア品質を確保する。

②インフラストラクチャアーキテクチャ

　プログラムやデータを格納、稼働させるためのシステム基盤における安定稼働や障害対策、不正アクセス防止などを設計する。

③インテグレーションアーキテクチャ

　企業内外のシステム統合に向けたシステム基盤の再編成を立案する。システム統合では、画面などユーザインターフェイス面の統合や、プログラム間通信を実現する機能面の統合、マスタデータの共有などデータ面の統合といったように、アスペクト指向による横断的思考が不可欠となる。

◎ビジネスプロセスをITサービスとして仮想化するSOA

　ITアーキテクチャの中のインテグレーションアーキテクチャにおいて、特に注目されているのがSOA（Service Oriented Architecture）である。SOAは、クラウドコンピューティングの発展にも深く関与している。PaaSでは、SOAによって様々なシステム開発プラットフォームを提供することが可能となっている。SOAはサービス指向アーキテクチャであり、ソフトウェアを部品分解し、他のソフトウェアからサービスとして呼び出せるようにした技術体系である。SOAを利用すると、部品としてばらばらにしたソフトウェア機能を組み直して新しいソフトウェアを組み上げることができるようになる。この点において、SOAはモデリングにもとづく業務分析やシステム企画と非常に相性がいい。システム利用者からは物理的なソフトウェアの構造は隠蔽（見えない化）され、業務機能に必要となるITサービスを選択して組み合わせれば必要な情報システムが構築できる。ビジネス環境が変化した場合でも、関係するITサービスだけを入れ替えることによって迅速かつ柔軟に対応できる。モデリングによって、業務機能の現状把握とあるべき姿の企画がなされていれば、

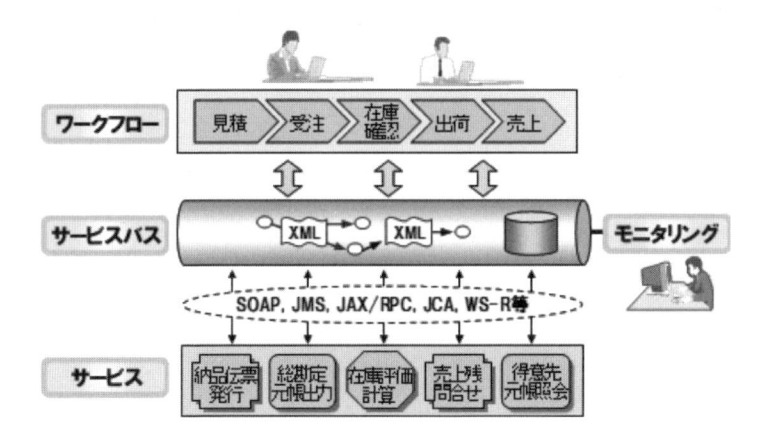

図表18　SOAにおけるITサービス分解と組み合わせの概念

富士通 Interstage サイトより引用
http://interstage.fujitsu.com/jp/featurestory/soa200701/

SOAによるシステム実装は容易となる。裏返せば、モデリングが行われていない場合、SOAを利用した最新ITのビジネス利用は難しく、IT経営は実現しないということになる。このことからも、ITマネジメントにおいては情報処理業務だけでなく、モデリングに取り組むことが重要となることがわかるだろう。

◎EA（エンタープライズアーキテクチャ）によるビジネス情報モデリング

EAは、業務と情報システムを統一的にモデリングするための技法であり、経営環境の変化や情報技術の高度化に対して、業務や情報システムをばらばらに対応するのではなく、組織が連係して全体最適化することをめざしている。特に、従来的な個別に実施されるIT投資には無駄が多く、構築された情報システム同士がつながらなかったり、システム変更が困難で最新技術に対応できず陳腐化していくという問題を抱えていた。

EAでは、こうした問題の解決に向けて、以下のような推進ステップを提唱している。

①現状分析

　業務と情報システムの現状を把握し、どこに重複投資があるのか、どこに無駄があるのかを明らかにする。

②最適化設計

　組織全体の全体最適の観点から、どの業務のルールや個別システムを統合化、合理化すべきかを見きわめる。

③実現計画

　業務と情報システムの現状を最適化された理想の形までもっていくために、段階ごとに何をしなければならないのかについて計画する。

　EAが優れているのは、情報システムを企画し設計していくためには、業務面の企画と設計もいっしょに考えなければならないということを大前提として、経営者の視点からモデリングを考えている点にある。EAはまさにCIO（Chief Information Officer：情報戦略統括役員）のためにあるモデリングである。米国では、1996年にクリンガーコーエン法が制定され、連邦政府でのEA導入がはじまり、大企業でもEAへの取り組みが進んでいる。同法によって、政府機関にはCIOが設置されている。CIOにEAの策定が義務付けられているのは当然のことといえるだろう。国内でも2003年に発表された「電子政府構築計画」で、各官公庁や市町村にCIOとCIO補佐官（民間から登用）の設置を義務付け、EAを推進している。

　EAによるモデリングは、①政策・業務体系（Business Architecture:BA）、②データ体系（Data Architecture:DA）、③適用処理体系（Application Architecture:AA）、④技術体系（Technology Architecture:TA）の四つの領域から構成されている。それぞれの領域におけるモデリングにおいては、業務モデリングやデータモデリング、オブジェクト指向モデリング、アスペクト指向モデリング、ITアーキテクチャの考え方や成果物が利用できる。

第2章 ITマネジメントにおけるモデリングと情報処理

```
政策・業務体系
(Business Architecture)     ┌─────────────────────────────────────┐
                            │ 業務機能の構成（業務の分析）         │
                            │  業務参照モデルに基づく全府省共通の定義に基づ │
                            │  き、行政サービスの機能を体系化（現在の組織や業務│
                            │  手順・呼称にこだわらない点に留意）  │
                            └─────────────────────────────────────┘
データ体系                  ┌─────────────────────────────────────┐
(Data Architecture)         │ 業務機能に使われる情報の構成（情報の分析）│
                            │  各行政機能で入力し、出力されるデータの構成│
                            └─────────────────────────────────────┘
適用処理体系                ┌─────────────────────────────────────┐
(Application Architecture)  │ 業務機能と情報の流れをまとめた行政サービス│
                            │ の固まりの構成（業務と情報の固まりの分析）│
技術体系                    │  技術とサービスの成熟度を踏まえたサービス群（バック│
(Technology Architecture)   │  オフィス、顧客サービスなど）の構成  │
                            └─────────────────────────────────────┘
                            ┌─────────────────────────────────────┐
                            │ 各サービスを実現するための技術の構成 │
                            │  各サービスの固まりを実現するための、ソフトウエア、│
                            │  ハードウエア、ネットワークそれぞれの技術の構成│
                            └─────────────────────────────────────┘
```

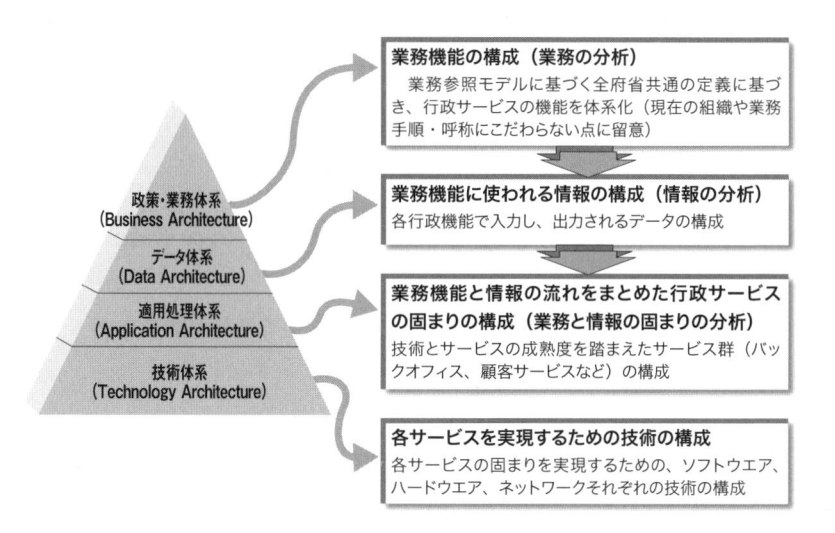

図表19　EAにおける四つの領域

経済産業省情報政策EAポータルサイトより引用
http://www.meti.go.jp/policy/it_policy/ea/nyumon/formanager/4.html

①政策・業務体系（Business Architecture:BA）

　業務を分析し各業務の構造やパターンを認識する。成果物としては、機能構成図（DMM）や機能情報関連図（DFD）、業務流れ図（業務フロー）などがある。

②データ体系（Data Architecture:DA）

　情報システムで使うデータの統合・標準化を進める。成果物としては、情報体系整理図（クラス図）や、実態関連ダイアグラム（ERD）などがある。

③適用処理体系（Application Architecture:AA）

　業務への情報システムの適用を検討する。成果物としては、情報システム関連図や情報システム機能構成図、サービスコンポーネント参照モデルなどがある。

④技術体系（Technology Architecture:TA）

情報システムのための利用技術の指針を決める。成果物としては、ネットワーク構成図やハードウェア構成図、ソフトウェア構成図などがある。

2　ITマネジメントを構成する情報処理業務

◎情報戦略／ビジネス環境分析とEAにもとづく情報戦略の立案
モデリングのところでふれたように、モデリングはITマネジメントに限らず、PDCAを行う全てのマネジメント活動において行われるものである。前項でとりあげたEAについても同じく十の情報処理業務全てにおいて利用される性質のものだが、業務と情報システムを統一的にモデリングするための技法であることから、特に、情報戦略の立案における意義が大きい。一口に情報戦略の立案といっても、その進め方や内容は千差万別である。しかし、その作成においては経済産業省の「システム管理基準」が指針となる。システム管理基準は、システム監査を行う場合の判断の尺度として用いることを目的としているだけでなく、組織が情報戦略を立案する場合の規範として用いられることも目的としている。その前文には、「システム管理基準は、組織体が主体的に経営戦略に沿って効果的な情報システム戦略を立案し、その戦略に基づき情報システムの企画・開発・運用・保守というライフサイクルの中で、効果的な情報システム投資のための、またリスクを低減するためのコントロールを適切に整備・運用するための実践規範である」とある。「システム管理基準」において情報戦略は、「全体最適化」「組織体制」「情報化投資」「情報資産管理の方針」「事業継続計画」「コンプライアンス」の六つのカテゴリから構成されている。これらはそれぞれ情報処理業務の要素であり、本項における「情報戦略」「投資評価」「アーキテクチャ」「リスクマネジメント」「コンプライアンス」にそれぞれ対応させている。なお、「組織体制」については、第4章「ITマネジメントの推進」のところでさらに深く考察することにしている。

「システム管理基準」の中の「全体最適化」は、まさに情報戦略の中核をなすものであり、EAの「最適化設計」にあたる部分であり、その前提条件としての「現状分析」の重要性が強調されている。しかし、情報戦略の策定においては、EAによるモデリング技法の利用に加えて、ビジネス環境分析のスキルが必要となる。ビジネス環境分析とは、SWOT分析などがこれにあたる。

社内における研究開発や業務改善の取り組みや、取引先や競合他社におけるビジネスモデルの状況、自社事業に影響をあたえる法規制や業界動向、その他景気変動や技術革新の動きなど、自社を取り巻く内外のビジネス環境を把握した上で、EAの「最適化設計」へのインプットとなる、ビジネス上の重要成功要因や組織目標を設定しなければならない。

SWOT分析では、ビジネスの外部環境である機会（O：Opportunities）と脅威（T：Threats）、内部環境である強み（S：Strengths）と弱み（W：Weaknesses）を分析する。取引先や競合他社における革新的なビジネスモデルの取り組みや自社事業に影響をあたる法規制などは、まさに脅威であり、新市場への参入は機会にあたる。強み弱みについては、特に、現行システムに対する分析が重要となる。EAモデリング技法にもとづく「現状分析」によって、現行システムの強みや弱みを明らかにし、継承すべきシステム機能と強化すべきシステム機能を把握することが求められるのである。

◎投資評価／費用対効果が見えなければ改善しようがない
・IT投資効果をどうとらえるか

IT投資評価については、日本情報システム・ユーザー協会「IT投資価値評価ガイドライン」が参考になる。「システム管理基準」においても、情報化投資に関する投資効果の算出方法を明確にすることが要求されている。ここでも「見える化」が問題であり、ITの費用対効果が見えにくいことをなげく経営者は少なくない。一般的に投資評価は、投資利益率（ROI：Return On Investment）や、正味現在価値（NPV：Net Present

Value）といった財務の視点から分析されることが多い。しかし、IT 投資の場合は、単なる業務の効率化を目的とするものをのぞいて、情報共有やデータ分析といった業務支援、さらにはインフラ整備といった目的の場合は、コスト削減など明白な財務効果をとらえることが困難である。また、その効果は一定ではなく、システム企画から開発、運用、保守にいたる期間を経て、変動していく。

こうした問題点をふまえて「IT 投資価値評価ガイドライン」では、以下のような投資評価の方法を提示している。

①重要業績評価指標（KPI：Key performance indicatorv）やユーザー満足度、他社比較、投資しないリスク分析など複数の視点による判定
②財務部門や情報システム部門だけでなく、経営企画や業務担当者などの様々な立場からの評価
③計画当初、プロジェクト完了時だけでなく、プロジェクト進行中や運用保守後も含めた継続的な評価の実施

特に、①の複数の視点による判定では、バランススコアカードを利用した評価方法に対する注目が高まっている。バランススコアカードを利用した評価方法では、「財務」に加えて「顧客」「プロセス」「学習と成長」の四つの視点で経営目標や成果をとらえる。最終成果である財務の視点だけでは途中過程に貢献する活動が適切に評価されないことを修正するために考え出されたバランススコアカードの考え方は、まさに IT 投資評価に適用できるものである。先の例では、情報共有はナレッジ蓄積や活用といった効果が期待できるという意味において「学習と成長」の視点が、データ分析は品質管理や苦情対応といった効果が期待できるという意味において「顧客」の視点が、インフラ整備は将来の業務量の増大に対応できるといった効果が期待できるという意味において「学習と成長」の視点が適用できる。これらの視点ごとに、「ナレッジ登録数」や「ナレッジ参照数」「不良率」や「苦情対応時間」「故障回数」や「レスポンスタイム」といった KPI を

設定することによって、定量的な効果測定も可能となる。そして、こうした多面的な評価を行うためには、②の様々な立場からの評価が必要になるのである。

　③の継続的な評価の実施は、後述するプロジェクトマネジメントとの関連性が深くなる。長期にわたる建設工事と同じように、システム開発中においても途中評価をしていかなければ、当初と事情が変わってしまっているにも関わらず、最終的に捨てられる運命のシステムが開発され続けてしまうことになる。こうしたことを防ぐために、「IT投資価値評価ガイドライン」では、プロジェクトマネジメントの進捗管理として、工期遅延や予算超過など生産性低下に対する監視に加え、新技術や技術変化といった前提条件の変化や、設計書やプログラムの品質、頻繁な仕様変更、方針変更や体制の入れ替えといった事後リスクなどについても評価すべきとしている。

・IT費用をどう見積もるか

　プロジェクトマネジメントの進捗管理において、生産性低下に対する監視については、企画当初において想定していた費用を超えてしまったり、実現時期が大幅にずれることによって期待効果が半減するといったことを防ぐために重要である。生産性の測定は、システム開発の費用見積の方法と密接に関連している。コード行数（LOC：Lines Of Code）やファンクションポイントによって見積もられたソフトウェア規模は、費用算定の根拠となるとともに、必要工数算定の根拠にもなる。コード行数による見積もりは、設計工程の見積もりができないことと、開発能力のレベルや開発ツールの利用などによる生産性の置き方によって結果が違ってくるといった問題がある。ファンクションポイントによる見積においても、費用算定と納期設定のためにファンクションから工数（人月）への変換が必要であり、生産性の置き方の問題は同じである。

　コード行数による見積方法としては、COCOMO法がよく利用されている。COCOMO法はシステム開発に必要となる予測コード行数に、エンジ

ニアの能力や要求の信頼性といった補正係数を掛け合わせるものだが、COCOMOを拡張したCOCOMO IIではファンクションポイント法の概念を取り入れて、より正確な工数算出をめざしている。ファンクションポイント法は、外部入力、外部出力、外部照合、内部論理ファイル、外部インターフェイスと呼ばれるソフトウェアの機能を抽出してカウントし、三段階の難易度で評価して点数化し、さらに、複雑さを考慮した調整係数を掛けて最終的なファクションポイントを算出する。ファンクションポイント法では、データモデリングで利用されるデータフローダイアグラムから見積もり可能であり、信頼性も高いが計算方法が難解なため、コード行数ほどは普及していないのが実情である。

　見積当初からその精度に不安がある工数算定情報に基礎を置く進捗管理では、工期遅延や予算超過の発生の原因が当初の工数見積に起因することも少なくない。特に、ソフトウェア開発では、オフショア（海外）も含めて外注委託されることが多いため、当初予定されていた要員スキルが確保されず生産性低下を招くことがあり、③の継続的な評価の実施の重要度は非常に高いといえるだろう。

◎リスクマネジメント／情報セキュリティだけにとどまらないITリスク

　従来の情報処理（システム開発）では、CPU能力やメモリ容量といった限られたコンピュータ資源をいかに有効に使うかが技術者の関心事だった。また、ITに関するリスクとしては、ENIACコンピュータが真空管切れによる機能停止を恐れたように、現代においても停電やバグ（プログラムミス）など障害発生によるデータ消失や誤動作への対策として、バックアップやログ監視などが行われている。しかし、昨今のITリスクにおける最大の関心事は不正アクセスやウイルス感染へと移ってきた。インターネットなど情報システム構築におけるネットワーク利用はIT利用の効果を劇的に高めたと同時に、好ましくない者からの攻撃を受けたり、顧客や取引先など接続先の情報システムの障害影響を受けるようにもなった。業務量の増大に対応するためのシステム投資が、業務停止や混乱を招くとい

第2章 ITマネジメントにおけるモデリングと情報処理

$$PM_{NS} = \underset{\text{定数}}{A} \times Size^{E} \times \prod_{i=1}^{n} \underset{\text{コストドライバ}}{EM_{i}}$$
標準工数

$$PM = A \times Size^{E} \times \prod_{i=1}^{n} EM_{i} + PM_{AUTO}$$
工数

$$E = B + 0.01 \times \sum_{j=1}^{5} \underset{\text{規模要因}}{SF_{j}}$$
規模指数／規模指数の規低値

自動変換活動工数
$$PM_{AUTO} = \left\{ \underset{\text{適応(改造)コード行数}}{AdaptedKSLOC} \times \left(\underset{\text{自動変換されるコードの割合}}{AT} \middle/ 100 \right) \right\} \middle/ \underset{\text{自動変換による作業の生産性}}{ATPROD}$$

図表20　COCOMO II の計算方法

EnterpriseZine サイト「実績データを活かす見積り手法」より引用、編集
http://enterprisezine.jp/article/detail/733?p=2

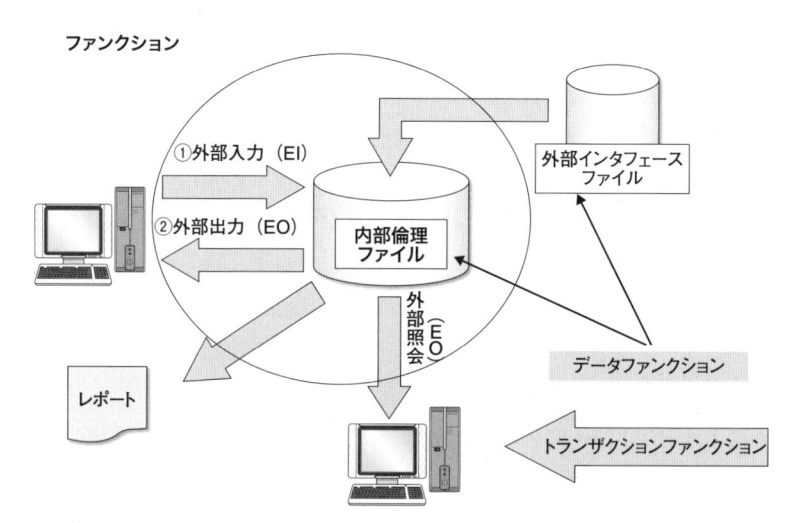

図表21　ファンクションポイント法におけるファンクション分析

ITPro 電子自治体ポータル「ファンクション・ポイント法（FP法）」より引用、編集
http://itpro.nikkeibp.co.jp/article/govtech/20060223/230478/

51

う逆効果も生み出したのである。特に、個人情報や顧客の機密情報を取り扱う企業では、情報漏えいが業務停止にとどまらず、社会的信用を喪失して廃業に追い込まれることもあり得ることである。

　システム開発を行う上で、企画設計時に考慮しておくべきITリスクとして、こうした不正アクセス防止やウイルス対策といった情報セキュリティが含まれるのは当然のことだが、ITリスクの種類は「情報セキュリティリスク」だけにとどまるわけではない。停電や火災など自然災害によってシステム停止する「アベイラビリティリスク」、期待どおりにシステムが稼働しない「パフォーマンスリスク」、電子化を規制する法令に違反する「コンプライアンスリスク」についても考慮しておく必要がある。

　客先から電子商取引への対応を迫られることが多くなっている中で、他社のビジネスモデル特許を侵害するという思いもよらない「コンプライアンスリスク」も人ごとではなくなってきている。上場企業にとってはJ-SOX法（金融商品取引法）が内部統制やIT統制を義務付けている限り、ログイン認証におけるパスワード共有やデータチェック漏れも「コンプライアンスリスク」である。

　「情報セキュリティリスク」だけをとっても、ファイヤーウォールとウイルスチェックソフトを導入して終わりというわけにはいかない。社外からの不正アクセスだけでなく、社内においても機密情報については部外者からの不正アクセスも防止しなければならないし、社員の自宅パソコンが家族のウイニー使用によってウイルス感染し、自宅に持ち帰った業務資料が破壊されたり情報漏えいしてしまうかもしれない。（実際、従業員によるコンピュータ犯罪や、家族のウイニー利用による情報漏えい事件は珍しいことではない。）

　このように、ITリスクの種類は様々であり、組織において現実に想定されるITリスクの数は数え切れない。ファイヤーウォールの設置とウイルスチェックソフトの導入だけで済ませるわけに行かないとすれば、ITリスクを網羅的に洗い出すしかない。JISQ2001「リスクマネジメントシステム構築のための指針」はITリスクへの取り組みを考える上で役立つ

第2章 ITマネジメントにおけるモデリングと情報処理

ガイドラインである。

JISQ2001によると、まず、経営者が基本方針によって、自社の事業特性を考慮して対処すべきリスクの種別とリスク低減に向けた目的を設定することとなる。次に、リスクを洗い出し、洗い出したリスクを重要度（発生の可能性×被害の大きさ）を評価し、最大の効果をあげるようなリスク対策の組み合わせを考える。リスク対策としては、リスクの移転、回避、低減、そして保有の四つがある。

リスクの移転は、コンピュータ保険など他社にリスクを移すことであり、リスクの回避は、リスクを生じさせる業務やシステム開発をやめることである。リスクの低減は無停電装置やバックアップなどによって停電によるシステム停止の可能性を低くするなどである。リスクの保有は、小さいリスクのために無視する場合と、あまりに大きなリスクのためにあきらめる場合の二つの考えられる。実施されたリスク対策は、有効性が継続的に環視、測定され、問題があれば是正、改善されていくことになる。

リスクを効果的に洗い出す方法として、ここでもまたモデリングの考え方が役に立つ。J-SOX法対策における内部統制の取り組みでは、業務フローが作成されているが、業務フローの作成自体がJ-SOX法で求められているわけではない。業務フローを書くことによって、業務上のリスクをすることが目的であり、業務フロー作成のための業務フローでは意味がない。

ITリスクを発見するためのモデリング手法には業務フローの他に、ミスユースケースやHAZOPががある。ミスユースケースは、悪意や過失がある人間が好ましくない行動をとる際に、システムとどのような関係を持つのかを分析するものである。HAZOPは、「no、not（何もしない）」「more（多すぎる）」「less（少なすぎる）」「as well as（超えている）」「part of（足りない）」「reverse（逆さま）」「other than（違う）」といったガイドワードを使ってリスクを洗い出す。アクセス管理であれば、「派遣社員がアクセスできるシステム範囲が多すぎる」「退職した社員が退職日を越えて社内システムにアクセスできる」「不正アクセスの形跡がログに残っている

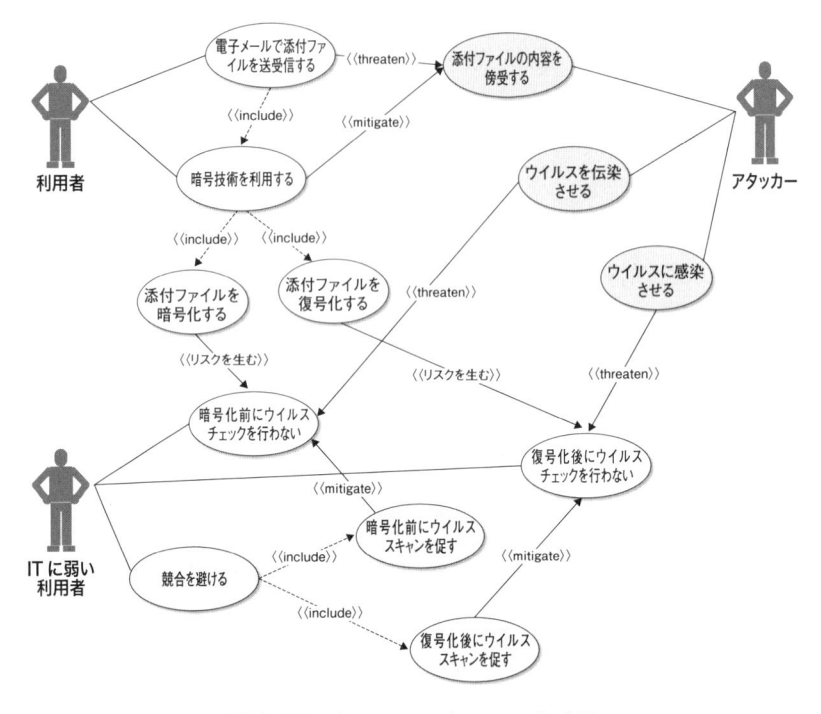

図表 22　ミスユースケースの作成例

のに何もしていない」といった感じになる。

◎人材育成／重要性が高まる IT リテラシー教育と高度情報処理技術者の育成

　工場には工場長のもと、工程管理要員や調達要員、設計要員、製造要員、品質管理要員、安全管理要員など様々な種類の要員が働いている。情報処理業務を担う情報システム部門においても、様々な種類の要員が必要となる。また、製造業の営業担当者や総務、経理担当者は自社の工場業務がわからなくては仕事にならないように、全ての社員が自社の情報システムを利用できなくては仕事にならない。国家試験の情報処理技術者試験はまさに、こうした IT 人材の育成のために考えられたものである。情報処

理技術者試験は業務独占的な資格試験ではないため、情報処理業務に従事する場合に必ず合格が必要だというわけではないが、試験区分ごとの想定スキルレベルは大いに参考にすべきである。ITパスポートは情報処理技術者試験の中のスキルレベル1のエントリ試験として位置づけられている。その内容は、パソコンの操作ができる、パソコンを使ってデータの処理ができるといったことにとどまらず、財務や法務、経営戦略といった経営全般に関することや、システム開発やプロジェクトマネジメントといった情報処理業務に関すること、ネットワークや情報セキュリティ、データベースといったITの要素技術に関することまでカバーしている。ITパスポートの試験範囲はまさに、組織が取り組むべきITリテラシー教育の内容となっている。

　ITのことは情報システム部門にまかせておけばよいということではなく、ユーザがシステム企画やシステム評価に積極参加することが必要である。構築された情報システムを実際に業務に適用して効果を出すのもITの利用者が主役となる。ユーザに対するITリテラシー教育は、システム設計者などの高度情報処理技術者の育成と合わせて、情報処理業務における人材育成の両輪となるものである。

　高度情報処理技術者の育成においては、情報処理技術者試験の中のスキルレベル2にあたる基本情報技術者試験や、スキルレベル3にあたる応用情報技術者試験、スキルレベル4にあたる高度情報処理技術者試験の内容が指針となる。スキルレベル2の基本情報技術者試験とスキルレベル3の応用情報技術者試験が主にソフトウェア開発のスキルを対象としているのに対して、スキルレベル4の高度情報処理技術者試験は、情報システムが大規模・複雑化する中で、システム設計やプログラミングだけでは終わらなくなってきている情報処理業務の実情に対応する内容となっている。高度情報処理技術者試験は八つの試験区分から構成されており、十の情報処理業務との関係でみてみると、「ITストラテジスト試験」は①情報戦略や②投資評価、③人材育成、⑩コンプライアンスに、④リスクマネジメントを、「システムアーキテクト試験」は⑤アーキテクチャや⑦システム開

共通キャリア・スキルフレームワーク		情報システム／組込みシステム							
		ベンダ側／ユーザ側							独立
レベル4	高度な知識・技能	高度（プロフェッショナル）試験							
		ITストラテジスト試験	システムアーキテクト試験	プロジェクトマネージャ試験	ネットワークスペシャリスト試験	データベーススペシャリスト試験	エンベデッドシステムスペシャリスト試験	情報セキュリティスペシャリスト試験	ITサービスマネージャ試験	システム監査技術者試験
		(ST)	(SA)	(PM)	(NW)	(DB)	(ES)	(SC)	(SM)	(AU)
レベル3	応用的知識・技能	応用情報技術者試験　(AP)							
レベル2	基本的知識・技能	基本情報技術者試験　(FE)							
レベル1	職業人に共通に求められる基礎知識	ITパスポート試験　(IP)							

図表23　情報処理技術者試験の体系（試験要綱）

http://www.jitec.jp/1_13download/youkou_ver1_1.pdf

発に、「プロジェクトマネージャ試験」は⑥プロジェクトマネジメントや⑨委託管理に、「ITサービスマネージャ試験」は⑧システム運用や⑨委託管理に、それぞれ対応している。「ネットワークスペシャリスト試験」や「データベーススペシャリスト試験」「エンベデッドシステムスペシャリスト試験」「情報セキュリティスペシャリスト試験」はIT要素技術ごとの専門家としての評価であり、「システム監査技術者試験」は内部監査部門や監査法人において情報処理業務をモニタリングする監査人としての評価であることから、十の情報処理業務と直接つながるような関係ではなく、必要に応じて社外リソースを求めることも考えられる。しかし、ITストラテジストやシステムアーキテクト、プロジェクトマネージャ、ITサー

ビスマネージャといった高度情報処理技術者は、ITマネジメントとしての情報処理業務を社内で推進する人材として、社内での育成が望ましいと考えられる。

　社内に適任者がいないため、人材をアウトシーングする場合であっても、自社の経営や業務の現状を把握し、IT利用による改善企画を行う上でこれらの人材が持つスキルやモラルが成功の鍵を握ることを考えれば、業者選定や業務評価を適切に行うことが不可欠となる。高度情報処理技術者が行う委託業務を監督するためには、理想的には「ITストラテジスト」的な人材が社内にいることが望ましい。それが困難な場合でも、経営者自身がITパスポートのスキル程度を持ち、戦略的アライアンスパートナーとして信用、信頼できるアウトーソーサーとの対話を密接にすることによって、「経営」と「IT」が分離してしまうようなことのないように細心の注意を払うことが不可欠である。

◎アーキテクチャ／システムエンジニアからアーキテクトへのパラダイムシフト

　アークテクチャに求められる情報処理業務は、情報処理技術者試験の「システムアーキテクト試験」がスキル要件として明確化している。2009年から実施される「システムアーキテクト試験」の元は「アプリケーションエンジニア試験」であり、さらにさかのぼると「特種情報処理技術者試験」にたどりつく。元々はシステム開発において要件定義や概要設計といった要求モデリングを担当するエンジニアを想定していた試験であるため、業務知識やモデリングスキルが要求されていたのに加えて、個別に開発される情報システムの弊害―IT資産の部分最適的な利用による費用増大やリスク増大、機能の重複や矛盾―が問題視される中で、全体最適的な視点に立ったITアーキテクチャを設計するスキルが重視されるようになったのが「システムアーキテクト試験」である。システムアーキテクトは、情報システム戦略を具現化するための情報システムの構造設計や、システム開発に必要となる要件定義、システム方式の設計を行うだけでな

く、個々のシステム開発における設計作業を行うための前提となる全社的なITアーキテクチャを設計しておかなくてはならない。経営戦略から情報戦略を導き出すのがITストラテジストの役割とすれば（実際には同一人物かもしれないが。）、情報戦略を具現化するための設計図におとしこむのがシステムアーキテクトの役割ということになる。

　設計すべきITアーキテクチャの内容も昔のシステム設計と比べると非常に多岐にわたる。また、ネットワーク、データベースなどITの要素技術自体が高度化しており、ITの要素技術を部品とすればそれをどのように組み合わせてIT基盤を実現するかというグランドデザインも必要となる。特に、仮想化技術は、変化が激しいビジネス環境に合わせてアジル（俊敏）に情報システムを再構築していくために不可欠なものとなっている。自社内のビジネス革新だけでなく、顧客や取引先とのシステム連携やM&Aによるシステム統合など、必要があれば開発完了から間もないシステムを変更することも想定しておかなくてはならない。ハードウェアやネットワーク、OS、データベース、基本ソフトウェアといったIT基盤を

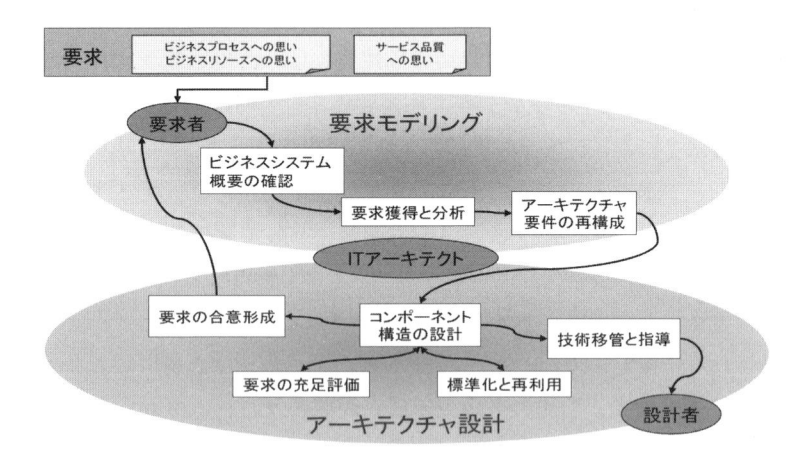

図表24　ITアーキテクトの活動プロセス

情報処理推進機構 ITアーキテクト育成ハンドブックより引用
www.ipa.go.jp/jinzai/itss/activity/ITA/2006/ITA_HandBook2006.pdf

第2章　ITマネジメントにおけるモデリングと情報処理

仮想化してアプリケーションソフトとの分離を図るとともに、アプリケーションソフトもSOAによって部品化とサービス組み立てへとシフトしていく動きが今後、加速していくだろう。

　情報処理推進機構（IPA）ではアーキテクチャ人材の育成を目的として、ITアーキテクト委員会を運営しており、EAによる要求モデリングや、仮想化技術、SOAといった要素技術を活用したITアーキテクチャの設計について、「ITアーキテクト解説書」や「ITアーキテクト育成ハンドブック」などの配布を通じて情報提供を行っている。

◎プロジェクトマネジメント／日常化するプロジェクト活動に対する統制強化の必要性

　情報処理業務におけるプロジェクトマネジメントは、情報システムの構築や新たなIT基盤の導入など費用も時間もかかる大規模なプロジェクトに対して、推進計画を策定し、手違いや作業遅れなどの問題が発生していないか定期的にチェックして、問題が発生していれば適切に対処するといったマネジメント活動である。マネジメント活動の対象となるプロジェクトとは、限られた期間と予算の中で達成すべき目的や目標を持つものであり、通常業務を行う組織体制や規程規則とは違う環境が用意されて業務が遂行されていくものである。通常の組織体制と異なるプロジェクトチームによる会議体で運営されていくため、日常業務との確執や不整合が発生しやすい。チームメンバーは通常の組織体制での役割を優先しがちであり、プロジェクトチームと通常の組織体制との間で利害調整が行われることも希である。従来、特命的な位置づけであるプロジェクト活動は、研究開発部門など限られた部署や期間でしか行われておらず、通常の組織体制との役割分担があまり問題となることはなかった。情報システム部門でも同じで、システム開発プロジェクトといっても、ユーザ要求を調整する初期段階を除いて組織横断的な活動はごく限られたものでしかなかった。しかし、情報システムの大規模、複雑化が進む中で、成果をあげられずシステムトラブルによる損失すら起こりうる状況となっては、プロジェクトマ

ネジメントの強化に目が向けられるのは当然のことといえるだろう。高度情報処理技術者試験における「プロジェクトマネージャ試験」や、アメリカの非営利団体PMI（Project Management Institute）が「PMBOK」（Project Management Body of Knowledge）というプロジェクトマネジメントの知識体系にもとづいて認定するPMP（Project Management Professional）といったプロジェクトマネジメント資格に注目が集まっているのもこうした事情からである。

情報処理業務におけるプロジェクトマネジメントでは、採用するマネジメント手法によって違いがあるものの、大きな流れとしては以下のようなものになると思われる。

〈ステップ1〉達成すべきゴールの明確化

システム開発の目的は、ある部署からの提案や情報システム部門からの要請から始まったとしても、経営陣やユーザ部門、情報システム部門、場合によっては顧客や取引先など様々な利害関係者が様々な期待を抱くことになる。限られた予算と期間の中で最大限の便益を得ようとするならば、システム開発に向けた目的を組織運営にとって最も望ましい範囲と水準に絞り込むことが不可欠となる。ここでもまた、日常において、EAによる経営とITのモデリングを行っておくことの意義がみえてくる。プロジェクト活動がはじまってから、全社的、長期的視野にたつ目的、目標設定を行うのは容易なことではない。

〈ステップ2〉ゴール達成に向けた作業分割

プロジェクト活動を具体的に進めていくためには、ゴールの達成に向けて何をしなければならないのかを明らかにしなければ何もはじまらない。

PMBOKではゴール達成に向けた作業分割のことを、ワーク・ブレークダウン・ストラクチャー（WBS：Work Breakdown Structure）と呼んでいる。WBSによって、プロジェクト活動に必要となる期間や費用が明らかになるだけでなく、最終ゴールに向けてプロジェクトが現在どの程度まで進捗しているのかというアーンドバリュー（EV：Earned Value）を算

出することができるようになる。

〈ステップ3〉作業ごとの役割分担

WBSが明らかになると次は、それぞれの作業を誰が担当するのかを決めなければならない。

PMBOKでは作業ごとの役割分担のことを責任分担マトリックス（RAM：Responsibility Assignment Matrix）と呼んでいる。RAMでは、責任の種類を、実行責任（R：responsible）、説明責任（A：Accountable）、協議対応（C：Consult）、情報提供（I：Inform）の四つに分けることによって果たすべき役割を明確にしている。

〈ステップ4〉作業の依存関係の分析

作業スケジュールを考える上で、作業開始、終了の間の依存関係を分析する。依存関係には「終了―開始」「終了―終了」「開始―開始」および「開始―終了」の四種類があるが、実際には「終了―開始」がほとんどである。「終了―開始」にも、「強制依存関係」（必然性のある順序）、「任意依存関係」（望ましい順序）の二つがあり、さらに、「強制依存関係」にはハードウェアなどの納品など自力では対処できない「外部依存関係」がある。

〈ステップ5〉スケジュールの作成

作業の依存関係をつないでスケジュールを作成する。スケジュールの変更は当初の想定状況から大きく異なってしまい、作業進行や実績把握に支障が出るような状況にならない限り、スケジュールはできるだけ変更しない。計画を変更してしまうと実績との差異分析ができなくなるからである。特に、PMBOKではスケジュールは進捗分析のためのベースラインであるという意味合いが強くなっている。

〈ステップ6〉負荷調整（山積み、山崩し）

作業の依存関係にもとづいて作成されるスケジュールでは、人的資源や外注などプロジェクトのために投入できるリソースの数や能力のことを考慮していないため、作業ごとのリソース負荷を分析してスケジュールを調整しなければならない。投入可能なリソース量を超えている作業からはリソースを減らして期間をのばし（山崩し）、期間内に作業完了するための

リソース量が足りない作業にリソースを追加する（山積み）を行う。

〈ステップ7〉コストの見積もり

プロジェクトの完了のために必要となるリソースの単価と使用量を積算することによって、コストを見積もることができる。PMBOKでは、コストの見積もりは予算確保のためでなく、プロジェクト活動の進捗をコストで測定するための前提作業となっている。

〈ステップ8〉リスクへの準備

大規模なシステム開発では、途中で仕様変更があったり、ハードウェアやソフトウェアなどの調達遅れ、要員や外注先による作業ミスなど様々なリスクが発生する。PMBOKでは、あらかじめ起こりうるリスクを洗い出し、リスク対応策の設計とリスクに対する監視を求めている。リスクに対する監視は、日々の作業報告や定期的な進捗会議などによるリスクコミュニケーションが重要となる。作業遅れが評価につながることを恐れて報告をごまかすようなことがないように、日常における健全な作業環境の確保も不可欠である。

〈ステップ9〉進捗の管理

プロジェクトの進捗は獲得したアーンドバリュー（EV：Earned Value）で測ることができる。ステップ7で見積もったコストが計画どおり消費されて予定された作業が完了することによって、コストに見合う分だけの価値が実現したことになるが、コストが消費されたにもかかわらず、そのコストに見合うだけの作業が完了していないと予算オーバーとなる。PMBOKでは、EVと実コスト（AC：Actual Cost）との差異をコスト差異（CV：Cost Variance）と呼び、予定日に作業が完了していないことを示すEVと計画コスト（PV：Planed Value）との差異であるスケジュール差異（SV：Schedule Valiance）と合わせて進捗管理の重要な指標としている。プロジェクトの責任者はプロジェクト計画時と完了時しかチェックしないことが多いが、長期に渡るプロジェクトでは途中での進捗管理でチェックしないと、投資効果を失う恐れがあるだけでなく新たな損失の発生を見逃す恐れもあることに留意すべきである。

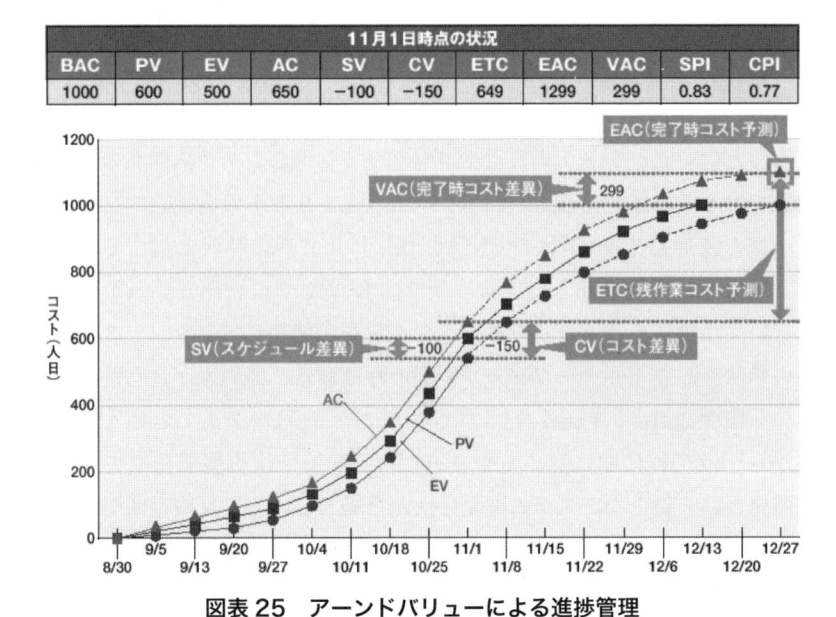

第2章 ITマネジメントにおけるモデリングと情報処理

11月1日時点の状況

BAC	PV	EV	AC	SV	CV	ETC	EAC	VAC	SPI	CPI
1000	600	500	650	−100	−150	649	1299	299	0.83	0.77

図表25 アーンドバリューによる進捗管理

ITPro IT レポート（動向／解説）より引用
http://itpro.nikkeibp.co.jp/article/COLUMN/20051202/225625/

〈ステップ10〉活動結果の評価（成果、問題）

　完了したプロジェクトはゴールを達成したというだけでは成功とはいえない。計画された予算と期間を守った上でゴールを達成することが必要となる。また、計画時は想定できなかったリスクが発生し、プロジェクト内外に影響を与えたり問題を起こしたりすることもある。PMBOKでは、プロジェクト活動結果の評価として、達成できたことと、達成できなかったことの明確化と、達成できなかったことの原因分析と対応方針、プロジェクト中に生じた問題の把握と今後の教訓について、プロジェクト責任者に報告することを求めている。

◎システム開発／生産性と品質を高める開発手法における工学的アプローチ

　情報システムが大規模・複雑化する中で、情報処理業務の幅が広がってきたとはいえ、システム設計やプログラミングがシステム開発の主たる業務であることに今も変わりはない。しかし、0と1の機械語でプログラミングしていた1940年代のENIACコンピュータの時代と違って、システム開発手法も高度化している。今ではJAVAやC言語といった自然語に近い文法構造を持ったプログラミング言語が使われており、システム開発の手法も、ウォーターフォール開発と呼ばれる、滝の水が流れ落ちるように「概要設計」「詳細設計」「プログラミング」「テスト」という上流工程から下流工程に順に進めるやり方だけでなく、反復型開発やアジャイル開発という新たなシステム開発手法が登場している。反復型開発では、ウォーターフォール開発のようにシステム全体の設計が完了してからプログラミングに着手するのではなく、システムの基本機能だけからなるミニマムセットの設計、プログラミングからはじめて、段階的、拡張的にシステムを構築していく。設計作業やプログラミング、テストが反復されることによって、問題発見と改善が反復され、ソフトウェア品質が高まる。アジャイルとは「機敏な」という意味であり、アジャイル開発は「機敏なソフトウェア開発」という意味である。アジャイル開発にはいくつかの種類があり、代表的なものとしては、①エクストリームプログラミング（XP：Extreme Programming）、②スクラム、③機能駆動型開発（FDD：Feature Driven Development:）、④リーンソフトウェア開発、⑤アジャイルユニファイドプロセス（AUP：Agile Unified Process）、⑥クリスタル、⑦動的システム開発手法（DSDM：Dynamic Systems Development Method）の七種類がある。それぞれの特徴は下表のとおりである。アジャイル開発では、文字通りソフトウェアの早期開発をめざしている。XPで、チームワークや標準化、オンサイト顧客、ペアプログラミングのようなコミュニケーションやフィードバック活動が重視されているのも、ウォーターフォール開発でよく指摘される前工程への後戻りによる納期の大幅なオー

第2章 ITマネジメントにおけるモデリングと情報処理

図表26　アジャイル開発手法の種類

名称	提唱者	概要
XP	ケント・ベック、ウォード・カニンガム、ロン・ジェフリーズ	現在、日本で最も知られているアジャイル手法。コーディングやテスト、再設計を重視。12のプラクティス（実践項目）を明示
クリスタル	アリスター・コーバーン	「インクリメントは4か月以内」「インクリメント後に反省会を開く」の2点が基本プロセス。「クリア」「オレンジ」など複数を用意
スクラム	ケン・シュウェイバー、マイク・ビードル	チームの自己責任とプライドを信頼して、高い生産性を目指す。30日間のイテレーション（スプリント）を繰り返す
DSDM	アリー・バン・ベネカムなど	「初めから完全には構築できない」という前提に立った探索的な開発手法。RADをベースとする。プロトタイプを多用
FDD	ピーター・コード、エリック・レフェーブル、ジェフ・デ・ル	目に見える成果を2週間ごとにリリースすることが目的。比較的大規模なプロジェクトにも適用できる
ASD	ジム・ハイスミス	RADを発展させた手法。綿密に計画を立てる代わりに、短期の計画（思索、協調、学習）を用いて開発する

ITPro「アジャイル」の全貌より引用
http://itpro.nikkeibp.co.jp/free/NC/TOKU1/20021015/2/

バーを避けるためである。また、計画ゲームや小さなリリース、テストの反復などによるスパイラルな開発方法は、アジャイル開発が反復型開発の性質を有していることも示している。

　反復型開発の中には、プロトタイプと呼ばれるシステムの完成イメージを繰り返し制作して要件定義やシステム設計を進めていく、ラピッドアプリケーション開発（RAD：Rapid Application Development）と呼ばれるものがある。プロトタイピングはシステムのそのものではなく、あくまでもシステムの完成イメージを見せるためのデモシステムであり、実際のプログラミングはプロトタイプによって、要件定義やシステム設計が確定してからになる。せっかくつくったプロトタイプを捨てるのが惜しいため、

プロタイプとは言いながら作り替えるのを嫌がるのは、RADの理念にはずれる行為である。

　注意して欲しいのは、反復型開発やアジャイル開発と比べてウォーターフォール開発が劣っているというわけではないということである。ウォーターフォール開発と反復型開発、アジャイル開発、あるいはプロトタイピングは、相互に補完し合うべき関係にある。スパイラルでシステム開発するにしても、システム全体の構想を見渡すアーキテクチャは必要である。

　アジャイル開発が比較的小規模なシステム開発での適用が多く、システム要求の本質をとらえず場当たり的な開発になりがちだという批判を乗り越えるためには、ウォーターフォール開発と融合したアジャイル開発をめざすべきであろう。

◎システム運用／ITILでサービスマネジメント化する運用業務

　システム開発と比べると、システム運用は地味であまり大きな問題もないということで重要視されないことがめずらしくない。しかし、そもそもシステムを開発しただけでは意味はなく、その運用によって業務改善などの効果が出てはじめて、システム開発が成功したいえると考えれば、システム開発において運用設計を行っておくべきことは当然であり、「下流工程」にあたるシステム運用に対して「上流工程」にあたるシステム開発が重い責任を持つことは当たり前のことである。しかし、たとえシステム開発時に運用設計がしっかりと行われていたとしても、組織変更や処理量の増大といった、システム移行後の問題に対しては、システム運用を担う組織側で対応せざるを得ない。また、ネットワークやサーバ、OS、データベースといった、複数の情報システムが共有するシステム基盤に対しては、個々のシステム開発での運用設計では対処することはできない。特に、システム基盤の仮想化が進む中で、個々のシステムごとのコンピュータ資源の割り当ては論理的に行われ、仮想化ソフトを通じて行われる実際の物理的なネットワークやハードディスク、CPUといった資源管理は、システム運用側で対応することになる。個人情報の漏え

いや社内システムへの不正アクセス対策、障害時の事業継続対策など、情報セキュリティの確保においても、ファイアウォールやVPN（Virtual Private Network）、アンチウイルス、侵入検知システム（IDS：Intrusion Detection System）、さらには障害環視ツールなど、様々なハードウエアやソフトウエアを組み合わたり、高度な専門知識を必要とする機器を駆使する必要があるなど、システム運用業務の複雑さが増してきている。

　システム運用業務の守備範囲が広がり、複雑さも増す中で、その役割も変貌してきた。目の前にある現行システムを適切に安定運用することはもちろんのこととして、将来におけるシステムの安定運用を確保するための現状分析や維持改善計画、修繕活動といった、情報システムのライフサイクルに着目した運用サービスのマネジメントをまわす必要が出てきたのである。運用サービスのマネジメントを体系的に行うためのガイドラインが、英国商務局（OGC：Office of Government Commerce）がITサービス管理・運用規則に関するベストプラクティスを集めたITIL（Information Technology Infrastructure Library）である。ITILでは運用業務をシステム業務の一部としてとらえるのではなく、独立したサービスであるという視点から、利用者に対してその品質を保証することをめざしている。最新のITILバージョンであるV.3は、「サービス戦略」「サービス設計」「サービス移行」「サービス運用」「継続的なサービス改善」の五つのカテゴリから構成されている。

　サービス戦略では、サービスを設計、開発、実装をしていくために必要となるサービス提供先としてのビジネス領域の特定、提供サービスの決定、サービス提供に必要な資産の準備について定めている。サービス設計では、サービス利用者の要求を満たすために設計すべき項目を定めており、設計項目として、「サービスカタログ管理」「サービスレベル管理」「キャパシティ管」「可用性管理」「ITサービス継続性管理」「情報セキュリティ管理」「サプライヤ管理」の七つの分野をあげている。特に、サービスカタログとサービスレベルは提供サービスの範囲や内容、程度を明確にするものであり、従来の運用業務において、どこまでやってくれるの

か、ここまでやっていいのかといった責任範囲の不明確さを排除しようとするスタンスが顕著となっている。サービス移行では、変更管理、構成管理、ナレッジ管理、移行計画および支援、リリースおよびデプロイメント（配置）、バリデーション（検証）およびテスト、評価といったプロセスを実施するによって、本番環境に対するサービスの変更がトラブル無く円滑に遂行されるように求めている。

　サービス運用では、イベント管理、インシデント管理、リクエスト対応、アクセス管理、問題管理というプロセス群と、サービスデスク、技術管理、アプリケーション管理、ITオペレーション管理といった機能が定義されており、問題発生に対する早期発見と復旧、再発防止をめざすもの

図表27　ITILV3におけるサービスマネジメントの体系

No	書籍名	英文	概要
1		Introduction to ITIL 3 Service Lifecycle	ITIL V3の全体的な概要とライフサイクル・アプローチの概念について解説している。
2	サービス戦略	Service Strategy	事業目標に準じたITの役割と要件について解説している。ITIL V2の「ITサービス財務管理」プロセス（サービスデリバリ）に該当。
3	サービス設計	Service Design	効果的で費用対効果の高い戦略に即したプロセスの導入について解説している。ITIL V2の「可用性管理」プロセス、「キャパシティ管理」プロセス、「ITサービス継続性管理」プロセス（サービスデリバリ）に該当。
4	サービス移行	Service Transition	アジリティテスト、リスク緩和、ビジネスニーズへの迅速な対応（チェンジ・マネジメント）に関するガイダンス。ITIL V2の「変更管理」プロセス、「リリース管理」プロセス、「構成管理」プロセス（サービスマネジメント）に該当。
5	サービス運用	Service Operation	効果的なプロセスの開発と管理手法について解説している。ITIL V2の「サービスデスク」機能、「インシデント管理」プロセス、「問題管理」プロセスに該当。
6	サービスの継続的な向上	Continual Service Improvement	ITサービスのコストと品質の測定手法について解説している。ITIL V2の「サービスレベル管理」プロセス（サービスデリバリ）に該当。

ウィキペディアより引用、編集
http://ja.wikipedia.org/wiki/ITIL

となっている。最後に、継続的サービス改善では、ステップ改善、サービス測定、サービスレポートといったプロセスが定義され、ITサービスを継続的に改善していくための方法が定められている。

運用業務をITILによってサービスマネジメント化することの最も大きな意義は、運用業務をサービスとして利用する顧客が存在することを担当者に認識させることにある。独りよがりな業務遂行はありえない。業務説明や要望受付といった取り組みは、情報システムの利用を許可したユーザとみるのか、サービス顧客として接するのかによって、その内容が大きく違ってくるのである。

◎委託管理／説明責任から考えるIT業務委託

システム開発や運用、保守業務を外部に委託することは少なくない。むしろ、情報技術が複雑高度化する中で、企業におけるIT業務の外部委託は増加傾向にある。企業にとって、本業との関連性が少ないシステムエンジニアを自前で抱えることは組織戦略上、得策ではないため、今後もその傾向は続くと思われる。しかし、IT業務を委託する上でも、外部業者に丸投げするのではなく、委託業務の内容を明確にして、その成果を適切に評価することは不可欠である。システム開発の委託する場合、検収条件を明らかにして請負契約として発注すべきであるが、検収条件のもとになる要件定義や概要設計を外部委託することもめずらしいことではない。その場合でも、依頼内容を明確にした契約を締結しなければならない。IT業務上の契約については後述の「コンプライアンス」のところで考察することとし、ここでは、IT業務の委託を計画し、実行、評価するというマネジメントサイクルからみた留意事項について言及する。IT業務を外部委託せざるを得ない場合であっても、その成果を確実にし、より望ましい品質と納期を獲得するためには、以下のようなPDCAマネジメントをまわすことが重要である。

〈Plan　委託業務の計画〉

　まず、なぜそのIT業務が必要となるのか、何を達成し、どのような効果が期待できるのかについて明確化することが必要となる。特に、現状分析やシステム設計といったシステム開発の上流工程や、全般的な運用・保守サポートなどの業務委託では、その善し悪しが企業経営に与える影響が大きいため、経営陣やCIO、情報システム部門にはきちんとした説明責任を果たすことが求められる。IT委託業務の計画として、目的、範囲、効果、期間、予算、責任分担などを明確にした上で、経営陣などの稟議承認を受けるべきである。

〈Do　業者の選定、発注（契約）〉

　委託業務の成否は、業者の選定にその多くがかかっている。委託業務の計画内容を達成する上で必要となる能力を業者が保有しているのか、当社との相性はいいのか、ゴーイングコンサーンに懸念はないのかなど、評価すべき点は少なくない。委託業務の計画内容を元に提案要求書を作成し、その回答である提案書の内容を元に、価格や品質、納期、取引先としての信頼性、将来性といった多面的な評価を実施することによって、最適なビジネスパートナーを選定することが求められる。発注（契約）においては、あいまいになりやすい前提条件や制約条件の明確化が重要である。前提条件とは、開発したソフトウェアや設計書の著作権譲渡や、納品後の継続的な保守サポートの提供など、それが確保できなければ発注そのものが成立しない条件であり、制約条件とは予算の上限や絶対遵守が必要な納期など、それが確保できなければ要求どおりの納品や成果があったと見なすことができない条件である。

〈Check　委託状況のチェック〉

　慎重に業者を選択し、厳格な契約を締結したとしても、実際の委託業務が適切に行われるとは限らない。特に、システム開発では、作業進捗の遅れや仕様の取違などプロジェクトの進行中に様々な問題が発生する。運用業務でも、処理量の増大による処理速度の悪化やハードディスクの容量不足、ハードウェアの交換やソフトウェアのバージョンアップ、不正アク

セスやシステム障害の発生に対する対応方法など、報告や提案を受けるべき事項は少なくない。システム開発の業務委託では週ベースでの進捗会議が、システム運用の業務委託では月ベースでの業務報告と、契約更新時における改善提案を受けるなどして、コンスタントな委託状況のチェックを行うことが必要である。

〈Action　改善要求、業者の変更〉
　委託状況をチェックすることによって、委託先業者に改善を求めるべきことが出てくる。改善要求に対して適切な対応がなされない場合は、業者の変更も検討しなければならない。また、経済産業省のシステム管理基準や情報セキュリティ管理基準などIT業務に関連するガイドラインの内容も、委託先業者が達成すべき業務品質を決める上で参考とすべきものとなる。

　ITは社内業務を改善するためののものであることを考えれば、IT業務の委託先は業務品質を決める重要なビジネスパートナーであることは明らかである。成果に問題があるときは厳しく改善を要求し、期待する成果を出したときはかけがえのないパートナーとしてその功績をたたえるべきである。妥協やあいまいさを排除した取引関係を通じてこそ双方の理解が深まり、戦略的アライアンスの構築がみえてくるのである。

◎コンプライアンス／重要性が高まるIT法務への対応
　IT委託業務においては前述したように、契約の締結は、委託業務の内容を明確にするとともに、発注元、発注先双方が想定する前提条件や制約条件を事前確認することによって、取引開始後のトラブルを防止する意義があった。しかし、コンプライアンス（法令遵守）の意味からは、契約締結においてはさらに別の意義についても考えなければならない。それは、著作権法や個人情報保護法など発注元、発注先以外の第三者の権利保護に関わる法規制に対応することである。発注の要件や条件を明確にすることはもちろんこととして、機密保持や個人情報保護、著作権や特許権、実用新案権、意

匠権といった知的所有権の帰属、瑕疵担保の期間、契約不履行時の損害賠償、監査の受け入れ又は18号監査（監査法人による委託業務に係るJ-SOX法の内部統制監査）の実施など、委託先との紛争防止と紛争時における自社利益の保護ために規定しておくべき事項は少なくない。特に、IT委託業務においては、委託業務が連鎖することを想定しておく必要がある。

　機密保持や個人情報保護も再委託先にまで及ぶようにしておかなくてはならない。著作権や特許権、実用新案権、意匠権を委託先から委託元に譲渡する契約を締結したとしても、委託先が再委託先に対して譲渡契約を締結していなければ意味がない。特に、海外に再委託するオフショア開発をよしとするケースでは、紛争時における契約書の意義が大きくなる。委託先と再委託先との契約に対する委託元の許可や、委託元から委託先への業務報告あるいは監査の受け入れといった条項を契約書に盛り込むことについては、提案要求要求書の段階から発注における前提条件として提示しておくべきだろう。

　なお、IT委託業務における契約締結については、経済産業省が「情報システム・モデル取引・契約書」を、JEITA（電子情報技術産業協会）が「ソフトウェア開発モデル契約」をそれぞれ提供している。「情報システム・モデル取引・契約書」の中で、SLA（Service Level Agreement）の重要性が述べられている。SLAは、委託先業者が提供するサービスの具体的な内容や保証するサービス水準のレベルに関する合意書であり、JEITAが「民間向けITシステムのSLAガイドライン」を提供している。

　たとえば、障害時の電話対応を一つとっても、年中無休24時間対応と、平日9時から17時までの対応とでは大きな差がある。データセンターでの障害対策でも、対震、停電対策など設備能力によって、保証できる障害の程度が違ってくる。契約書によってサービスの内容や範囲は明確になっても、どこまでやってくれるのかというサービスの深さまでは明確にしないことが多々ある。SLAの締結もまた、提案要求要求書の段階から発注における前提条件として提示しておくべきだろう。

　IT業務において考慮すべきコンプライアンスの対象はIT業務委託における契約締結だけではない。システム化要件の定義においても関連法令の

第 2 章　IT マネジメントにおけるモデリングと情報処理

洗い出しが不可欠となる。電子商取引システムでは特定商取引法や個人情報保護法にもとづく取引条件等の提示や、電子帳簿保存法にもとづく取引データの保存が必要となる。取り扱う商品やサービスよっては、建築業法や薬事法など様々な法律が関係してくる。ビジネス上、考慮すべき法律の数として、公益通報者保護法が対象とする法律だけでも 427 本（平成 21 年 4 月 1 日現在）にものぼる。今後、情報システムの構築においては、ビジネス革新をめざすものや、顧客や取引先との業務連携、M&A によるシステム統合など、従来では遭遇することがなかった新たな法律問題と対処しなければならなくなることが増えてくることを想定しておかなくてはならない。IT マネジメントの本質がビジネス革新をめざすものであるとすれば、法律リスクは当然に考慮しておくべきものである。情報システム部と法務部門においては、IT が新たな法律問題を生み出す可能性があることを認識し、システム企画の段階から連係することが必要である。システム開発プロジェクトにも、法務スタッフの参画や弁護士の助言を受けることも検討すべきだろう。

図表 28　SLA の設定例

	項目	説明	
可用性	サービス時間	ユーザーが受けるサービス提供時間 ただし、メンテナンス時間は除く	24 時間 365 日
	サービス稼働率	(サービス提供時間－停止時間) ÷サービス提供時間 100 [%]	99.7%
	障害回復時間 (MTTR)	障害を検知した時間から、障害が回復してユーザーがサービスを受けれるまでの時間	1 時間を越えないこと
	障害通知時間	障害が発生してから、ユーザーに障害が発生したことを通知するまでの時間	30 分を超えないこと
パフォーマンス	応答時間	一定時間 (1 時間) 内の全トランザクションの 95%が含まれる応答時間	3 秒以内（非ピーク時） 5 秒以内（ピーク時）
保全性	データ・ログの保全性	システム上のデータベース、ログの保持期間	ログ 7 日間 データベース 31 日間

@IT「SLA とサービスレベル管理」より引用、編集
http://www.atmarkit.co.jp/fnetwork/tokusyuu/24sla/01.html

第3章 IT マネジメントによるビジネス革新

1 IT がもたらすマネジメント革新

◎データ品質と統合が決め手のビジネスインテリジェンス

　経営者は日々発生する様々な問題に対して、待つことを許されることなく意思決定をしなければならない。適切な意思決定をするためには、正確で完全、かつ妥当なデータが必要となる。データウェアハウスを構築している企業は少なくないが、意思決定に必要なデータはそろっているのだろうか。データの正確性や完全性を確保するためには、データの収集から登録、計算、集計、表示にいたる情報処理の各工程において誤りがないよう厳格なチェックが必要であり、データ妥当性を確保するためには、虚偽の報告がなされないような業務統制が確保されていることが前提条件として必要である。正確性、完全性、妥当性とはデータの品質であり、意思決定という料理の善し悪しは、料理人としての意思決定者の能力はもちろんのこととして、データという素材の質も大きく影響するのである。ビジネスインテリジェンス（BI：Business Intelligence）は、「企業内外の事実に基づくデータを組織的かつ系統的に蓄積・分類・検索・分析・加工して、ビジネス上の各種の意思決定に有用な知識や洞察を生み出すこと」を意味する。素材の質が悪ければいくら腕前がよくてもうまい料理はつくれないように、ビジネスインテリジェンスにおいても、データの質が問題となる。
　地道なデータの品質確保を重視せずにデータ分析の格好良さだけに目を奪われていると、ビジネスインテリジェンスならぬビジネスガベッジ（ご

み）になりかねない。

　企業の業務システムには、様々な業務データが蓄積されているが、コード化されていたりファイル分割されていたりして、そのままでは意思決定に流用することは難しい。そこで、既存システムなどに蓄積されたデータを抽出し利用しやすい形に加工して、データウェアハウス用のデータベースなどに書き出すといった作業が必要となる。これらの作業は、Extraction（抽出）、Transformation（変換・統合）、Loading（ロード）の頭文字を取ってETLと呼ばれており、データウェアハウスの構築を支援するものとして様々なETLツールが提供されている。ETLツールを使うと、データ形式の変換や不正なデータの排除といったデータのクレンジング（洗浄）作業が容易になる。ETL作業によってクレンジングされたデータは、次に、データウェアハウス用のデータベースに格納される。一般的に、データウェアハウスを構築している企業ではこのデータベースを全社的に利用しているのだが、ビジネスインテリジェンスとしてはまだ不十分である。

　個々の意思決定者にとって、自分の意思決定に関係する情報が厳選されたデータベースが必要である。これがデータマートであり、データウェアハウスから、特定の部門やユーザーの業務ニーズに合わせて必要なデータだけを抜き出したデータウェアハウス・サブセットといえる。

　こうしてできあがったデータマートに対して、集計やグラフ化といった様々なデータ分析処理を行うことによって、新たな知見が得られることになる。これがビジネスインテリジェンスなのだが、ここでまた新たな問題が生じてくる。せっかく得られた知見が各部署ごとにばらばらで運用され、ビジネスインテリジェンスへの取り組みが、ビジネスインテリジェンスを「見えない化」するという矛盾を生み出しているのである。コーポレート・パフォーマンス・マネジメント（CPM：Corporate Performance Management）は、まさにこうした散在するビジネス・インテリジェンスを全社的にマネジメントしようというものである。CPMでは、バランス・スコアカードによって全社的に策定された戦略や目標に連動する形で、各

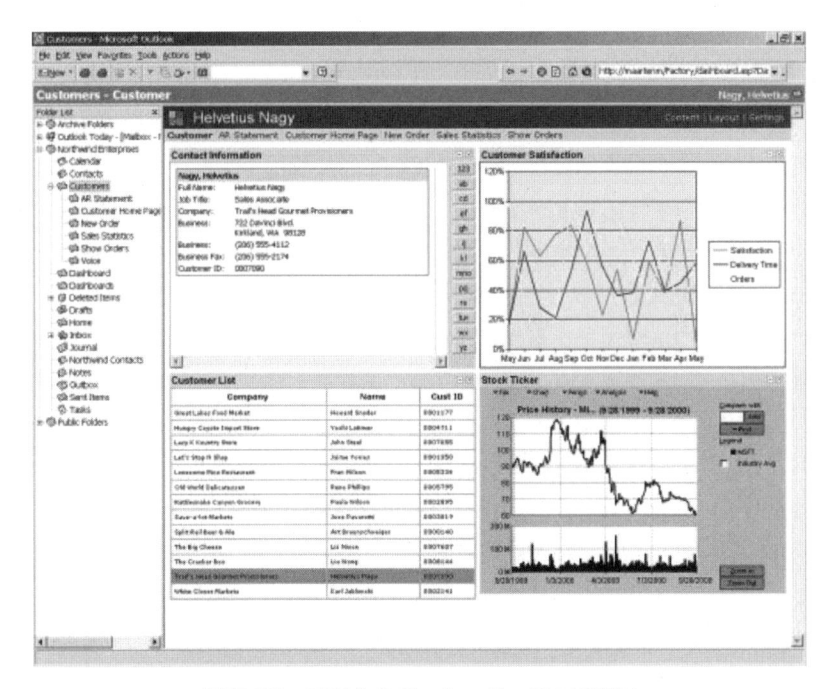

第3章　ITマネジメントによるビジネス革新

図表29　デジタルダッシュボードの画面例

MSDN Magazine より引用
http://ascii.asciimw.jp/pb/msdn/article/a11_0013.html

部署の戦略や目標が立てられ、そのパフォーマンスの監視や分析のためにビジネス・インテリジェンスが統合されている。戦略目標やその実現手段であるCSF（重要成功要因）に対して、KGI（重要目標達成指標：「売上高」「利益率」「成約件数」等）やKPI（重要業績評価指標：「引き合い案件数」「顧客訪問回数」「歩留まり率」「解約件数」等）がどうなっているかを、自動車のダッシュボードのようなポータル画面（経営ダッシュボード、デジタルダッシュボード）を使って見渡せるのである。

◎ BAMでリアルタイム化するビジネスモニタリング

ビジネスアクティビティモニタリング（BAM：Business Activity

Monitoring）は、経営陣が問題を迅速に把握できるように、業務プロセスの状況をリアルタイムに監視して、その状況を表示したり警告を出すものである。商品の入出荷状況や、注文や問い合わせ、クレームの発生状況、製造ラインでの滞留状況などについて、まさに現場をリモートで見ているようにウォッチすることができる。工場で製造設備の状態を監視するセンサーが設置され、温度や圧力などに異常があれば警告が鳴らされるのと同じ考え方といえるだろう。BAM は業務システムにシステム監視機能を持つ BAM ソフトウェアを組み込むことで実現できる。BAM はまさに、業務プロセスの監視カメラと呼べるものであり、業務プロセスをリアルタイムに監視して、不正やミスがあれば直ちに業務管理者にアラームを出すといったことが可能となる。経営者にとっても、前項で紹介した CPM と組み合わることによって、「在庫数」や「納期遵守率」といった KGI や KPI を継続的に監視し、過剰在庫や納期遅延といったビジネスプロセスのボトルネックを浮かびあがらせることができる。

　しかし、BAM を導入してもリアルタイムのビジネスモニタリングが簡単に実現できるというわけではない。モデリングされたとおりに現実のビジネスがリアルタイムに動かなければ、BAM を通じて業務状況がデータ反映されない。むしろ、現場で起きている事実とは異なるデータをみて、危険を見逃すという危険性すらある。受発注や入出荷など、その場でデータ登録せず、後でまとめて処理するといったルール違反までは BAM で監視することはできない。監視カメラの存在を知っている者がカメラの前だけでは正常を装い、カメラから見えないところで不正を働く恐れがあるように、BAM の運用においても、そこで働く者のモラルが問題となる。ビジネスインテリジェンスにしても BAM にしても、データが現実を正しく投影するために、いかにして実際の業務や組織を IT に融合させるかということを考えなければならない。IT マネジメントによるビジネス革新を成功させるための鍵はまさにここにあるといっても過言ではない。高度化する情報技術を知ることが IT マネジメントの本題ではない。情報技術をどうやって現状の組織や業務になじませるのかを考えることが重要なのである。

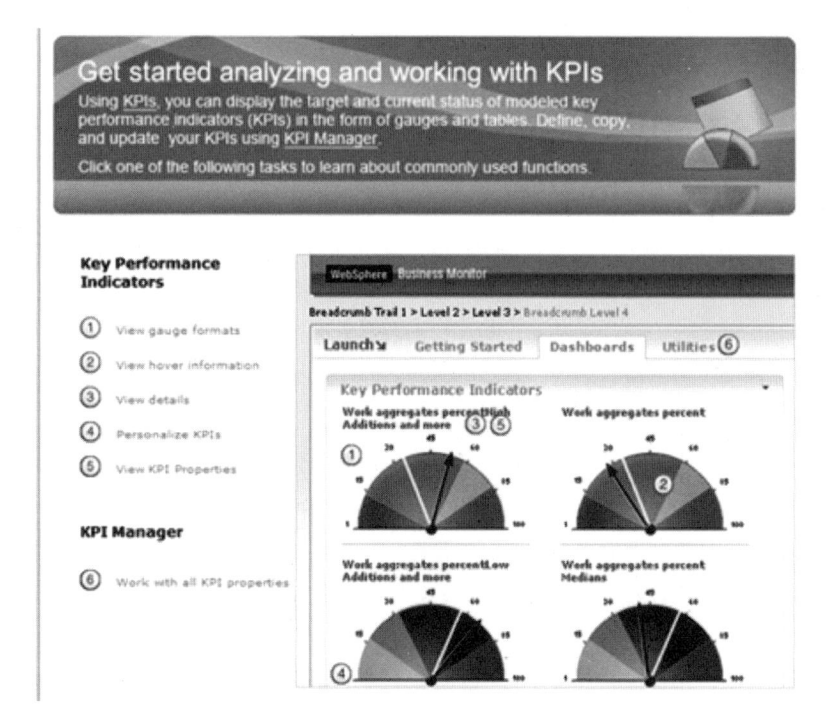

図表30　BAMの画面例

IBM WebSphere サイトより引用
http://www.ibm.com/developerworks/jp/websphere/library/bpm/mon61_bam/

◎情報エントロピーを減少させるポータルと全文検索

　情報の不確かさを情報エントロピーという。インターネットには数え切れないほどの情報が氾濫している。YahooやGoogleがなければ何がどこにあるのか見当もつかない。何の規制もなく増殖し、無秩序に情報をばらまくWebサイトが情報エントロピーを増大させる一方で、Webサイトをカテゴリ別に分類し、キーワード検索に対して内容ダイジェストを表示してくれるYahooやGoogleといったポータルサービスは情報エントロピーを減少させてくれるありがたい存在である。企業内の情報にも同じことがいえる。基幹システムに入った業務データをはじめ、表計算ソフトなど

パソコンで作成された電子文書、電子メールで飛び交うビジネスレターなど、一人のパソコンの中に保存されている電子文書だけでも、本人ですらいったいどれだけあるのか答えられないような状況になっている。企業情報ポータル（EIP：Enterprise Information Portal）は、企業内に存在するデータを横断的に集めて統合してくれるツールである。

　ポータルと同じように、情報システムの初期画面に設置され、ユーザをナビゲータするシステム機能としてメニュー機能が従来からあった。しかし、メニューではタイトルからしか内容を推測することができない。また、画面入力と帳票出力、バッチ処理といったグルーピングがされることが多く、実際の業務の流れに一致していないことが多い。このことはレストランのメニューでも同じで、前菜やメイン、デザートという分類がいつでも便利というわけではなく、予算や好みに合わせたセットやコースメニューを見ることも少なくない。また、レストランの場合はメニューの内容がわからなければ店員に聞けばいいが、情報システムのメニュー画面ではそうはいかない。「日次更新」とだけ書かれていても何が起きるのかわからない。中にはいきなりデータ更新してしまうような恐ろしい画面を設計するシステムエンジニアもいるので、ユーザもうかうかできない。

　Yahoo や Google のように Web サイトのタイトルだけでなく、その内容を知ることができるダイジェスト機能は、情報システムのメニュー画面の設計にも参考になる。しかし、ポータルが従来的なメニュー画面と決定的に違うのは、利用者のニーズに合わせてカスタマイズできる点にある。

　Google は Yahoo のようなカテゴリ画面を提供しない代わりに、igoogle というカスタマイズ可能なポータル機能を提供している。EIP ツールもポータル画面をカスタマイズできる。ユーザが現場で実際に行う業務の流れにより近いイメージでポータル画面をデザインすることができるのである。

　EIP によって、ポータル画面が用意できても、社内の情報エントロピーはまだ減少しない。文書ファイル、電子メールといったデータを自由に探し出せるようにするには、全文検索システムを実装することが必要となる。さらに、インターネット上では HTML や URL といったデータ形式

第3章　ITマネジメントによるビジネス革新

| メイン | 商品開発部 | CRMプロジェクト | BPRプロジェクト | 社員コミュニティ |

```
ログイン
    ユーザID
    パスワード

○○株式会社
    商品開発部

本日のイベント
 ………

今週のイベント
 ………

商品開発システム
  1. 商品立案
  2. 商品設計
  3. 商品評価

バイオ情報システム
  1. BLAST検索
  2. 論文検索
  3. 製品検索

社内eラーニング
  1. バイオ技術
  2. 設計技術
  3. バイオ英語
```

に対して××社は応諾した。○◆◆社内ニュース◇◆◆　取引先××社は我が社の
×××Bさん、商品××の新企画情報が出ましたよ！ http://www.・・・.co.jp/info.・・・

お知らせ
○《緊急》・・・・・・・・・・・・・・・・・・・・・・・・（営業部）
○《一般》・・・・・・・・・・・・・・・・・・・・・・・・（商品開発部）
○《重要》・・・・・・・・・・・・・・・・・・・・・・・・（経理部）

営業速報
■昨日の見込　　　○○○
■昨日の成約　　　○○○
■昨日の解約　　　○○○

スケジュール
××/×× ホモロジー検索新商品発表会
・・

電子メール（未読2件）
○・・
○××社のAです。バイオ製品○○の最新情報をご紹介致します。

××電子会議（未読3件）
○社長が米国でみてきた××ですが国内ではまだこも出していないようですね。
○・・

| ××株式会社ホームページ | ××株式会社ホームページ | ××株式会社ホームページ |
| ★オフィス用品販売キャンペーン実施中！ | ・・・・・・・・・・・・ | ★特報！商品○○の新企画についてお知らせします。 |

図表31　EIPの画面デザイン

の標準ルールが存在するが、社内システムには専用システムでしかアクセスできないメニュー画面やデータベース上のデータが存在している。これらを統合化してポータル画面から全て検索、アクセス可能にするためには、システム画面もデータベース上のデータもURLで呼び出せるイントラネットの環境を構築することが必要である。ポータルもイントラネットも一時期のブームとして過ぎ去ってしまった感があるが、本来は、現実の業務や組織と、情報システム上のデータや機能を結びつけるためのアイデアとして広く浸透すべきものなのである。

◎ウィキペディアによるナレッジマネジメントの可能性

　ウィキペディアは、インターネット上のフリーなオンライン百科事典であり、複数人が共同で百科事典を執筆できるようになっている。2001年にジンボ・ウェールズ氏が個人的に始めた後、2003年から非営利団体ウィ

81

キメディア財団によって運営されている。その規模は、2009年、200を超える言語版で運用されており、全言語版総計で1,000万項目以上の記事が作成されているという。ウィキペディアは、MediaWiki（メディアウィキ）というウィキソフトを使用している。

　MediaWikiはブログベースのCMS（Content Management System：コンテンツマネジメントシステム）であり、専門的な知識なしでタブやリンクをクリックするだけで、誰でも簡単に記事を書いたり編集することができようになっている。

　企業がウィキペディアをビジネス用途で利用することにも当然大きな意義があるが、ここでは、企業がMediaWiki等のソフトウェアを使って、自社用の百科事典を作る意義について考えてみたい。企業におけるナレッジマネジメントに対する取り組みは新しい話ではない。今でもグループウェアの電子掲示板や電子会議室機能を使ったり、専用のパッケージソフトを使った事例も多いだろう。しかし、百科事典の形でナレッジ共有しようというアイデアは当たり前すぎてやろうという企業もあまりなかったのではないだろうか。しかし、昔から、業界用語や専門技術用語、さらには社内だけで通用するローカル用語など、新人社員や転職組社員を悩ましてきたのは「用語」の問題なのである。自社で当たり前の問題は、当然、客先や取引先にも存在する。一部の営業担当者が知っている客先用語を全ての営業担当者が知っているわけではないし、そもそも、正しくその意味がわかっているかどうかについても確かではない。工場など技術や技能の継承が不可欠な部門でも「用語」の問題は深刻である。一般的な書籍には載っていない知識やノウハウをベテラン社員は有しているが、OJTに頼った教育では、用語は当たり前のこととして、あまり丁寧に教えてもらえないものである。その結果、ベテラン社員であっても、実はあまり意味がわかっていない社内用語が一つや二つくらいはあったりすることになる。それが重要な用語であればあるほど、ますます聞くに聞けなくなることは推測するに及ばないだろう。

　MediaWikiを使えば写真や動画を組み込んだ記事の掲載や記事間のリ

第3章　ITマネジメントによるビジネス革新

図表32　ウィキペディアの画面

http://ja.wikipedia.org/wiki/%E3%83%A1%E3%82%A4%E3%83%B3%E3%83%9A%E3%83%BC%E3%82%B8／

ンク、記事に対するノート（コメント）など、ウィキペディアと同じような自社用の百科事典をつくることができる。営業や工場の用語集、業務マニュアルや作業要領書として利用することも可能である。MediaWikiを使って社内ウィキを作るサービスは多く提供されている。社訓や社章、社歴、創業以来の社内の重要人物伝など、企業内には百科事典をつくるには十分すぎるほどのコンテンツがあふれているはずだ。ITマネジメントの実践としてCIOが率先して取り組むテーマとしても決して軽いものではない。

◎システム試用によるビジネス革新の発想

　インターネットや雑誌の付録CDなどを媒体として流通するオンラインソフトの中に、一定期間の試用期間の後、製作者がユーザに対して使用料

83

を要求するシェアウェアと呼ばれる形態のソフトウェアがある。ユーザは試用期間を通じて、このソフトを購入するかどうかを判断することができ、気に入らなければアンインストールし、気に入れば使用料を支払って利用継続すればよい。市販のパッケージソフトでも試用期間の設定や評価版が提供されていることが一般的になってきている。しかし、一方で、企業が情報システムを構築する際において、システム企画や設計時に試作、試用するということをあまり耳にすることはない。高額な予算と長期間の納期が必要とする大規模なシステム開発なほど、試作試用の考え方が重要となるはずである。プロトタイピングを行う場合でも、開発ベンダーの多くはプロトタイピングで作成したプログラムコードを捨てるのを嫌い、ユーザもまた、プロトタイプを徹底的に評価しようとしていない。試作、試用はものづくりの世界では常識であり、新製品の開発で、設計からいきなり製造工程に入ることは考えられない。画面や帳票のプロトタイプも作成することなく画面レイアウトや帳票レイアウトだけで設計を進めてしまうのは論外だが、プロトタイプによる試作試用だけでもまだ十分とはいえない。通常、プロトタイプによる試作試用では、画面の動きや帳票のデザインを確認するだけであり、実際の本運用イメージとはほど遠いものである。本当の意味の試用とは、実際の本運用イメージと変わらない環境のもとで行わなければ、使える使えないを判断することは無理である。

　パッケージソフトを導入する場合、現行業務に合わないということで、大幅なカスタマイズが入ることが少なくないが、試用が可能であれば、既存システムと併用してみるなど実際に使ってみて、業務改善することによって導入することができないか検討してからカスタマイズを決定すべきである。パッケージソフトがSaaS型にシフトする中で、使用契約が月額単位となることによって、試用する目的で短期間契約による導入も可能になってきている。

　もう一つ、IT利用における試作試用に関するトピックをご紹介しておきたい。マイクロソフトのInfoPathという製品は、XMLフォームを作成するソフトウェアだが、ExcelやWordの既存文書をXMLフォームに

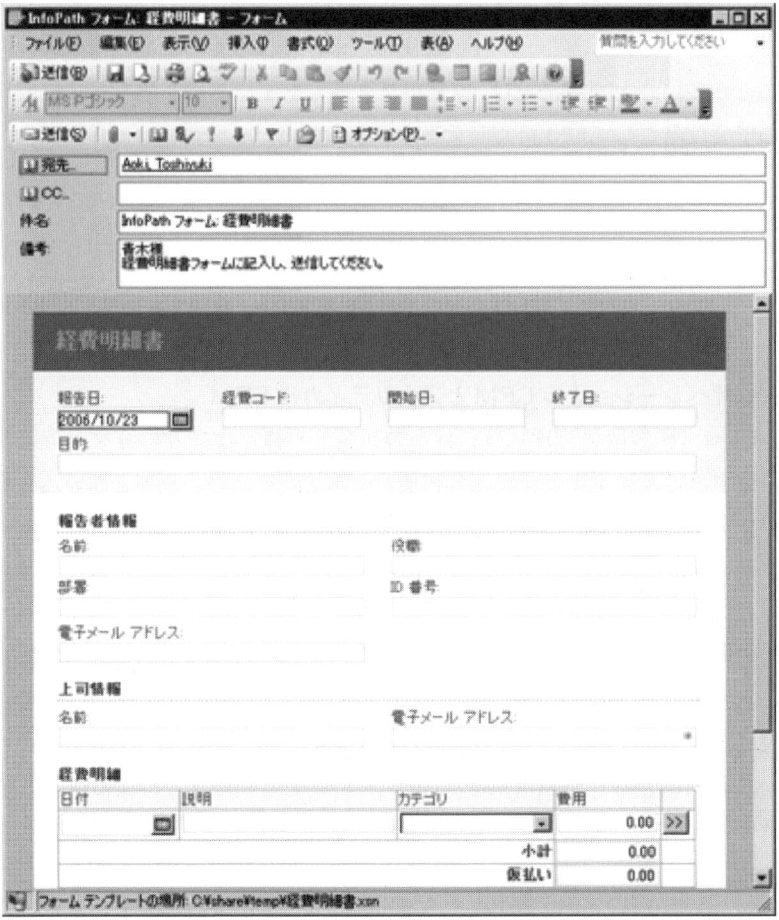

第3章　ITマネジメントによるビジネス革新

図表33　InfoPath の画面例

Microsoft Office Online から引用
http://office.microsoft.com/ja-jp/infopath/HA101656341041.aspx

自動変換し、入力フィールドを設定することによって、XML文書を作成できる。XML文書はファイル保存する方法に加えて、電子メール送信やデータベース登録することもできるため、まずは、XMLによる文書ファイルの標準化に取り組んだ上で、データベースによる統合化を図るとい

う、段階的なIT化が可能である。システム開発に入ってから画面や帳票、データの持ち方などで仕様が決まらず、仕様変更や納期遅延が起きることが多いことを考えれば、XMLフォームを使った標準化をシステム化の予備段階として取り組める意義は小さくないだろう。

2　営業・販売分野におけるITマネジメント

◎オペレーショナルCRMとアナリティカルCRM

　CRM（顧客関係管理）は、個々の顧客との様々なやり取りを一貫して管理することによって、顧客の利便性や満足度を高めて顧客を囲い込もうとするものである。CRMはさらに、オペレーショナルCRMとアナリティカルCRMとに分けることができる。オペレーショナルCRMは、引合、見積商品から受注、納品、問合せやクレームへの対応といった個々の顧客との対応業務を支援するものであり、セールスフォースドットコムに代表されるようなSFA（営業支援）システムや、コールセンターの電話対応業務を効率化するCTI（Computer Telephony Integration）システムなどがこれにあたる。SFAでは、顧客カルテや営業日報などによる客先との取引状況や対応履歴を管理することによって、顧客のニーズや不満をおさえた、きめ細かい顧客対応をすることができる。CTIでは、顧客からの電話着信があると、電話番号に合致する顧客データが表示されることによって、顧客の名前や住所、過去の購入履歴などを見ながら受注や問い合わせに対応することができる。

　こうしたオペレーショナルCRMによる営業活動の支援を通じて集められた顧客対応の情報をデータベース化し、顧客のニーズや行動傾向などを分析しようとするのがアナリティカルCRMである。セールスフォースドットコムなどSFA製品の多くは、オペレーショナルCRMとアナリティカルCRMの両方の機能を装備していることから、実務的にはCRM

図表 34　RFM 分析の実施例

	ランク 1	ランク 2	ランク 3	ランク 4	ランク 5
R（recency：最新購買日）	150日以内	120日以内	90日以内	60日以内	30日以内
F（frequency：累計購買回数）	1回	2～5回	6回～10回	11回～50回	50回～
M（monetary：累計購買金額）	1万円未満	1万円～5万円	5万円～10万円	10万円～50万円	50万円

とSFAとを区別する必要はあまりないかもしれない。しかし、SFAやCRMに取り組む意義は、アナリティカルCRMを実現することによってはじめて大きな成果が得られることから、その違いと関係についておさえておくことが重要である。アナリティカルCRMでは、データウェアハウスやデータマイニングを駆使して、オペレーショナルCRMによって集められた顧客対応の情報を分析することになる。RFM分析は優良顧客を見つけ出すためによく実施されているものである。RFM分析では、R（recency：最新購買日）、F（frequency：累計購買回数）、M（monetary：累計購買金額）という三つの指標によって、顧客を分類する。その上位者こそ、最近、何度も、たくさん買ってくれている優良顧客であると考えられる。注意が必要なのは、RFM分析では、購買に至っていない潜在顧客については何も語らないし、また、優良顧客が次に何を買うのかについても教えてくれない。そこで、注目されているのが、優良顧客に共通する嗜好や傾向を探り出すためのデータウェアハウスの活用や、優良顧客に共通する嗜好や傾向にもとづいて、潜在顧客から優良顧客になる可能性のあるグループを判別するためのデータマイニングの活用である。

　データウェアハウスやデータマイニングによって、顧客の嗜好や傾向を探り出し、潜在顧客から将来の優良顧客を見つけ出すためには、結局、オペレーショナルCRMによって、どれだけきめ細かい顧客データをできるだけ多く集められるのかにかかっている。オペレーショナルCRMとアナリティカルCRMは両輪であり、オペレーショナルCRMだけでは、どのような顧客対応をするのが望ましいのかについて設計することが難しく、

アナリティカル CRM だけでは、顧客の嗜好や傾向を探り出すための材料を確保することが難しい。CRM（顧客関係管理）の導入においては、顧客対応の現場である営業部門やカスタマーセンターと、販売促進やマーケティングを担当する企画部門とがいっしょになって推進していくことが成功の鍵を握っているといえるだろう。

◎マイクロターゲティングによるリコメンデーション

オバマ陣営が勝利した米国の大統領選挙では、マイクロターゲティングと呼ばれる有権者に対するデータ分析が行われていた。オバマ陣営は、まず、選挙運動に先立って数十万人規模の有権者調査を行って、データマイニングソフトを使い有権者心理の予測モデルを構築した。そして、共通の有権者心理を持つと思われる有権者グループに対して、電話をかけるなどして支持を訴えたのだという。マイクロターゲティングはアナリティカル CRM の政治版とも呼べるものであり、その内容は、まさに潜在顧客としての浮遊有権者層を優良顧客としての支持者に誘導しようとするものだといえる。マイクロターゲティングの成功は、企業におけるアナリティカル CRM の意義について改めて注目させることとなった。数億にも及ぶ米国の膨大な有権者の中からせいぜい数千人規模の人々の関心時にフォーカスして支持者を集めたその手法は、企業の営業や販売活動に応用できるはずである。オバマ陣営が、「A デパートでよく買い物をし、ハイブリッド車を所有する 30 歳台の女性は環境問題に関心が強く、オバマ氏を支持するかどうか迷っている」といった黄金ルールを発見したように、企業においても潜在顧客の特徴を示す黄金ルールを見つけることができれば、営業活動は大きく改善できるに違いない。かつて、世間にデータマイニングを知らしめたウォルマート社は、オムツとビールの法則という、子持ちの男性が、休日などに子どものオムツをまとめ買いする際に、ビールを一緒に購入する行動特性を発見した。ウォルマート社は米国防総省に次ぐほどの膨大なデータを蓄積して、顧客の買い物かごの中身を分析するマーケットバスケット分析によって、同時に買われる可能性の高い商品同士を近くの売

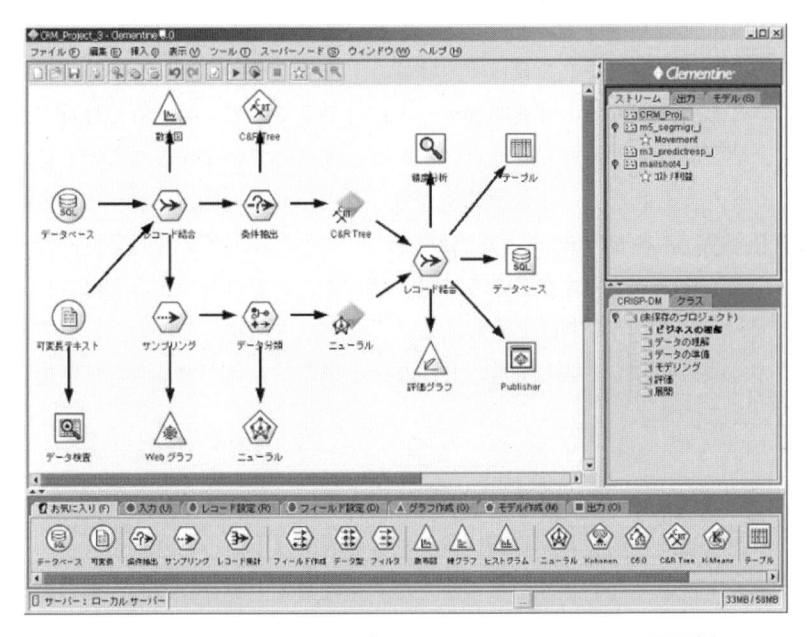

第3章　ITマネジメントによるビジネス革新

図表35　データマイニングソフト PASW Modeler の画面例

http://www.ctc-g.co.jp/~product/category_jp/product_id_141.html

り場に並べて購買を促している。「この商品を買った方はこちらの商品も買われています」というアマゾン社で有名な、リコメンデーション手法もデータマイニングによるマイクロターゲティングの例であるといえるだろう。

　顧客の行動特性を購買時点だけでなく、より長い時間軸でとらえてみるというアプローチをとるところもある。五月人形や雛人形など代々想い出をつないでいきたいと願う祖父母と、流行遅れを嫌がる若い両親に対して、人形の衣装替えと化粧直しを提案する人形店の例は、まさに、顧客の長い人生を見渡したサービスを創造しているといえるだろう。人形を買う人は誰でも同じと考えるのではなく、動機が違えば購入後の心理変化も千差万別と考えることによって、その場でのセールストークも違ってくる。新商品用にしか使えないと思っていた人形用の衣装が、古い人形の着せ替

89

え用にも使われるのである。ゴルフの初心者セットを購入する顧客が挫折することなしにゴルフを続けていけば、ドライバーやパターを単品で買いたいと思う時がくる。購買履歴データだけでなく、アンケートや社員の意見、社会統計なども材料データにすれば、気づいていなかったことも見えてくるかもしれない。オバマ陣営が使ったとされる Clementine（SPSS 社現 PASW Modeler）のような高度なデータマイニングソフトを使ったとしても、黄金ルールを同じように見つけることができるかどうかは、ウォルマート社のような執念とも思えるようなデータ収集への努力と、顧客価値の創造に向けて失敗してもくじけない不屈の営業魂が要ることは間違いないようである。

◎ブログとソーシャルネットワークによる口コミマーケティング

　消費者が同じ消費者の評価に関心を寄せるのは、いいことしか言わない広告や店員よりも信憑性があるからだ。通販業者であれば「お客様の声」をカタログやネットショップに載せることは常識的に行われている。しかし、こうした「お客様の声」にしても企業の手が入っている限り、消費者にとっては本当の意味での「お客様の声」と呼べるものではない。インターネット上では日々、消費者同士が意見交換している。商品を買う前に検索エンジンでヒットしたブログで口コミ情報をチェックするのも当たり前になってきた。特に、MiXi（ミクシィ）など会員制のソーシャルネットワークでは、よく似た趣味や嗜好を持つ人たちが集まることによって、活発な口コミが行われている。ブログやソーシャルネットワークで展開されている議論を企業が直接的にコントロールすることができないとしても、その議論の内容を知らずにいることは愚かである。少なくとも、口コミの内容をキャッチして、要望や不満に対するフォローをこまめに行うことによって、評価は改善されていく。むしろ、丁寧に対応しようとする姿勢がよりよい評価に変えてしまうことすら少なくない。利用者の感想が紹介されているホテルや旅館の紹介サイトでは、利用者の書き込みに対するレスの有り無しが、ホテルや旅館の賑わいをあらわしているように感じられること

もある。

　さらに、リピート客となった利用者はまるでそのホテルや旅館の宣伝担当者であるかのように、推薦文を書き込んでいる。恐ろしいことに、現実にホテルや旅館を宿泊して実体験する前から、紹介サイトの訪問者は書き込みだけを見て仮想体験してしまうのである。

　好もうが好まざろうが、口コミの影響を受けざるを得ないのだとすれば、積極的にこの口コミに関わろうという考えが出てくるのは当然だろう。さらに、一歩進んで口コミを自社にとって有利にコントロールしようというのが、口コミマーケティングである。口コミマーケティングには、大きく分けて三つの手法がある。一つ目は、バイラルマーケティングと呼ばれるものであり、ウィルスが口から口へと伝染するように、商品やサービスの評判を口から口へと伝染させていくように仕向けるものである。二つ目は、バズマーケティングと呼ばれるものであり、大勢がうわさ話でざわめいていることで注目を集めようとするものである。三つ目は、インフルエンサーマーケティングと呼ばれるもので、人気ブログを書いているカリスマブロガーなど、インフルエンサーと呼ばれるオピニオンリーダー的な存在を通じて、強い影響力を持つ評判を作りだそうとするものである。

　しかし、こうした手法をいくら駆使したとしても、必ずしも口コミは望みどおりにコントロールできるものではない。むしろ、意図的な口コミ操作は不公正さというイメージによって、致命的なブランドダメージを受けることになる。口コミマーケティングの本質は、直接的なプロモーション活動というよりも、顧客と良好な関係を築くことで、長期間にわたって取引を継続しようというリレーションシップマーケティングである。しかし、その威力は強大であり、時には一澤帆布店（現在は一澤帆布店と一澤信三郎帆布店に分離）のような巨大なブランドを作り出し、時には不買運動によって大手メーカーですら危うくさせることすらあるのだ。

　ブログやソーシャルネットワークをITマネジメントの視点から考えてみると、まさに現実にある商品やサービスを情報投影しているしくみであることがわかる。現実と異なる投影がされれば情報修正し、投影された側

で追加された要望や不満といった情報を、現実の商品やサービスの改善にいかすという取り組みは、まさにIT経営の一形態である。「お友達紹介キャンペーン」のような企業主導の口コミマーケティングでは、インセンティブにかかるコストほど効果が出ない。

　ブログやソーシャルネットワークなどの書き込みに対して真摯に回答する利用者主導の口コミマーケティングは、コストもかからなければその効果も絶大である。現実世界を正しく情報投影させ、投影された側で得られた付加価値を現実世界に反映させることができる情報処理技術として、口コミマーケティングをとらえ直してみてはどうだろうか。

◎ AIDMAモデルからAISASモデルへ

　AIDMAモデルは消費者の行動パターンが、Attention（注意が喚起され）→ Interest（興味が生まれ）→ Desire（欲求し）→ Memory（記憶し）→ Action（購買する）の順に行われることを明らかにし、販売促進もこれらのフェーズごとに最適化させる必要があることを示したものである。しかし、インターネットが普及する中で、消費者行動も変化してきており、必ずしもAIDMAモデルが適用しにくいケースが増えてきている。

　そこで新たに注目されているのが、AISAS（電通社の登録商標。）モデルである。AISASモデルでは、消費者の行動パターンが、Attention（注意が喚起され）→ Interest（興味が生まれ）→ Search（検索し）→ Action（購買し）→ Share（情報を共有する）の順に行われるとする。AIDMAモデルでは、注意をひく、関心を抱くというフェーズの後に、欲求を持つ、記憶するという内面的な行動心理に向かっていたのに対して、AISASモデルでは、積極的に検索して調べるという表の行動として表れてくる。購入するというアクションの後にも、さらに、積極的に自分の感想や意見を発信することによって、他の消費者が購入する前に行う検索活動に対して貢献しようとするのである。その際、前述したブログやソーシャルネットワークなどが利用されるのは言うまでもない。

　AIDMAモデルからAISASモデルへのパラダイムシフトは企業のマー

ケターにも意識変革の必要性をつきつけている。消費者とのコミュニケーションを設計する場合、AttentionとInterestフェーズではプッシュ的なコミュニケーションを、Searchフェーズでは、プル的なコミュニケーションを、そして、最後のShareフェーズでは、意見や苦情に対して真摯に回答するといった双方向のコミュニケーションをとるといった動的な対応方法を検討すべきだろう。AttentionとInterestフェーズにおけるプッシュ的なコミュニケーションでは、従来的な宣伝広告の手法が生きるところであり、時代がインターネット主流になろうともマスメディア的なプロモーションが必ずしも不要になるわけではないことを示している。

　Searchフェーズにおけるプル的なコミュニケーションでは、SEO（Search Engine Optimization：検索エンジン最適化）対策など、消費者がキーワードで検索をかけた際に自社のWEBサイトが上位に表示されるように工夫することや、コンテンツの内容も宣伝広告のようなイメージ先行で抽象的なものでなく、パンフレットや取扱説明書のような具体的な商品の仕様説明が必要となる。視覚性と操作性に富むようなWeb2.0の技術を使って、3D画像やビデオ、音声など様々な情報形態による仮想体験ができるようなWebサイトを提供するのも効果的だろう。最後に、Shareフェーズにおける双方向のコミュニケーションでは、前項の口コミマーケティングで紹介したように、ブログとソーシャルネットワークなどを通じて消費者と良好な関係を築くことをめざすことになる。AIDMAモデルからAISASモデルへのパラダイムシフトは、消費者による積極的なIT利用を意味するだけでなく、企業側からのコミュニケーションも積極的なIT利用へとシフトしていくことを意味しているのである。

◎チャネル複合ではなくチャネル融合としてのクリックアンドモルタル
　米国では、煉瓦を意味する「ブリック」とセメントを意味する「モルタル」という二つの言葉を組み合わせて、小売店舗をブリックアンドモルタルと呼ぶことがある。クリックアンドモルタルは、「ブリック」をマウスの「クリック」に置き換えることによって、「店舗を持ちながらネット販売をし

ている小売業者」という意味を持つ言葉として広く使われている。

　クリックアンドモルタルは、実店舗と電子店舗の両方を持つことによる相乗効果を狙ったものである。顧客にとって、商品の購入や支払い、受け取りといった購買行動を、実店舗と電子店舗のどちらでもできるという利便性が増すこととなる。

　ユニクロを例にあげると、実店舗で不足するサービスを電子店舗でカバーしている。店舗のない地域の顧客が電子店舗を利用したり、XS や XL といった実店舗に並びきれない商品を電子店舗で購入することができる。ユニクロでは実店舗の訪問客と電子店舗の訪問客は大半が同一であり、顧客は店舗と電子店舗を上手く使い分けている。実物の商品を店舗でよく見た後で電子店舗で注文したり、実店舗で購入したヒートテックなどを実際に使ってみて電子店舗で追加購入するといった利用もあれば、反対に電子店舗で商品を見て、気にいった商品があれば実店舗に行って購入するといった利用もあるという。

　クリックアンドモルタルの意義について考える場合、やはり、前項で説明した「AIDMA モデル」や「AISAS モデル」から考察してみる必要がある。先に述べたように、Attention と Interest フェーズでは、従来的な宣伝広告が必要となる。バナー広告やメルマガなど IT 手法を使おうとも、その本質は従来からの宣伝広告に変わるものではない。広告掲載やテレマーケティング、ダイレクトメールといったプロモーション媒体の一つとして、インターネットも活用されるというマルチチャネル化が有効となる。しかし、Search フェーズでは、少し事情が違ってくる。消費者はイメージ先行で抽象的な宣伝広告ではなく、詳細な情報にもとづく商品の見比べをしたいと思っている。巨大な陳列スペースを持つ大型店は別として、中小の店舗では商品カタログを用意するのが精一杯だろう。商品カタログも無料配布ともなれば経費的な負担も大きい。実店舗と電子店舗を連動させれば、この問題は解決する。実店舗の外見や店内レイアウトを電子店舗として仮想投影させ、そこに販売可能な全ての商品の写真や仕様、おすすめ情報などを掲載することによって、消費者の検索ニーズを満たすことができる。マルチチャネル化の視点からは紙媒体の資料請求も消費者の利便性において意義があることも

忘れてはいけない。

　購買後のShareフェーズでは、消費者が感想を発信するという点において、「クリック」側のしくみが重要になることは疑いないことなのだが、実はここでも「モルタル」側と融合した活動が不可欠となる。当然のことといえば当然だが、消費者は現実の商品を手にして現実に感じた満足や不満にもとづいて、ブログやソーシャルネットワークに感想を書き込んでいる。商品自体の品質がいいことはもちろんのこととして、販売員の対応も当然、消費者の満足や不満に結びつく。ネットで買ってもらっても、購入のお礼を電子メールでなく手書きの手紙を商品にそえて送る企業もある。ネット販売の売上がほとんどであるにもかかわらず、実店舗に店員を置いて事前事後の相談に応じている企業もある。

　これらの取り組みを、昔ながらのお持てなしの心として理解しても決して間違いではない。むしろ、クリックアンドモルタルの本質は、「クリック」と「モルタル」とを組み合わせるところにあるのではなく、インターネットが発達した現代において、お客様へのお持てなしを考えば、「クリック」も活用するのも当然であるという点にこそあるのである。

◎実社会と仮想社会を地つながりにするグーグルマップ

　クリックアンドモルタルが実店舗と電子店舗を融合させるものだとすれば、グーグルマップは実社会と電子地図を融合させたといえるだろう。

　地図上の要素物に住所や統計データ、画像をリンクさせて、条件に合致するものを抽出したり、集計したりすることができるGIS（Geographic Information System：地理情報システム）というしくみは特に目新しいものではない。しかし、日記にすぎないブログや辞書にすぎないウィキペディアと同じように、社会にもたらした意義は計り知れない。グーグルマップが提供する基本機能は地図サービスである。しかし、ITマネジメントからみた意義はブログのそれに近い。消費者にとっては、AISASモデルにおけるSearchフェーズやShareフェースにおける意義が大きい。グーグルマップにはマイマップという機能がある。マイマップでは、利用

者が自分だけの地図をつくって公開したり知人と共有することができる。地図をつくるといっても、グーグルが提供している地図上にコメント付きの目印を入れたり写真や動画を組み込むというものである。書き込まれたコメントを読んだ利用者がレビューできるのもブログやウィキペディアと似ている。たとえば、北海道旅行で訪問地でのランチの場所を探す場合、「富良野　ランチ」と打ち込めば近辺地域の地図と店舗リストが料理や店内の社員とともに表示される。店舗情報を選べば利用者のレビューを見ることもできるし、利用者としてレビューを書くこともできる。

　ビジネスにおいて電子地図を利用する手法としてはエリアマーケティングがある。エリアマーケティングは、主に出店時や販促時における商圏分析のために行われる。GISソフトを利用すれば、自店舗や営業所を中心として、営業可能なエリアを地図上で特定し、そのエリアに含まれる人口や世帯数、企業数、顧客数、売上高といった統計データを集計して、商圏の大きさや傾向を予測することができる。ここで問題となるのは、現実の商圏を情報投影した電子地図がどの程度、現実の商圏を反映しているのかという点である。市販の統計データを利用すれば、地域ごとに高齢者が多いとか、医療機関やスーパーマーケット、美容室といった特定の施設は少ないなどの情報を得ることができる。しかし、5年ごとに実施される国勢調査をはじめとして、統計データが現実の商圏の姿をあらわしているとは限らない。グーグルマップの主な利用者が個人のインターネット利用者であることから、単純にGISソフトと比較することは適切とはいえない。しかし、利用者のコメントやレビューが書き込み順に表示され、コメントやレビュー数による格付けがわかるグーグルマップの方が明らかに情報投影の鮮度において優れている。統計データではさびれた地域にみえたとしても、グーグルマップでは訪問者によるコメントやレビューがあふれているかもしれない。企業の営業部門では、マイマップを利用すれば、営業担当者が日々コメントやレビューを書き込んだり、画像や関連資料をリンク付けすることによって、鮮度の高い営業データベースを構築することができるだろう。GISは商圏分析ツールとして今後も利用が拡大することが想定

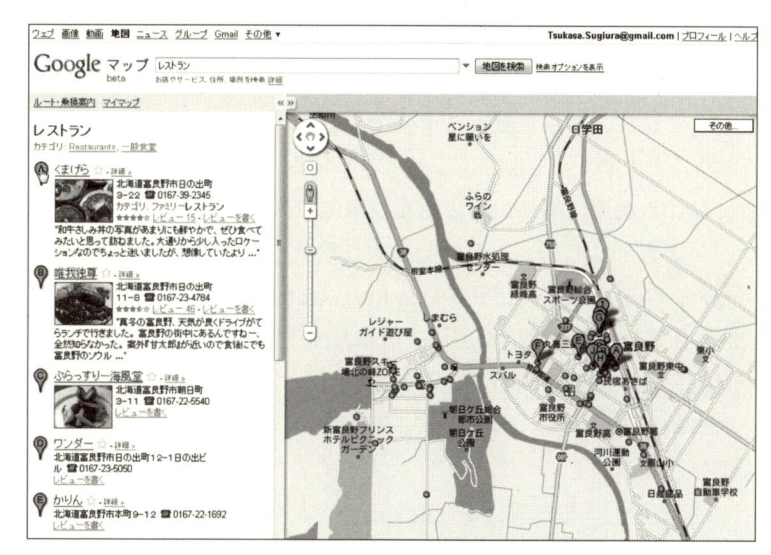

第3章 ITマネジメントによるビジネス革新

図表36　グーグルマップのマイマップ画面

される。しかし、電子地図に投影する商圏の姿が古かったり、偏りがあっては、その上で集計、分析される結果に致命的な誤りが生じてしまう。地図ソフトの世界にコメントとレビューというブログの文化を持ち込むことによって地図に鮮度を与えたグーグルマップの意義は決して小さくない。

3　ロジスティクス分野におけるITマネジメント

◎コスト志向の電子調達からSRB（社会的責任購買）へ

　消耗品などの間接材を簡単でかつ安く購入するために電子調達（ePrucurement）を利用する企業が年々増えてきている。Ariba Buyerなどのe-マーケットプレイスを利用すれば、発注企業は各部門で発生する購買を企業全体で取りまとめることによってコストを削減でき、サプライヤー側も個別に電子商取引サイトを持つ必要がない。取り扱い商品は机や文具などの事務用品、パソコンなどの電子機器、さらには名刺印刷や人材

派遣といったサービスにまで及ぶ。今では電子調達の利用は間接材にとどまらず、部材や商品仕入にまで広がっており、官公庁や大手企業などでは入札から受発注、納品検収、請求入金にいたる全ての取引が電子商取引化されることもめずらしくなくなってきている。しかし、最近になって、企業における調達活動において新たな潮流が生まれてきている。それはグリーン購買をはじめとした社会的責任購買（SRB：Social Responsible Buying）やCSR（Corporaitive Social Responsibility）調達への動きである。社会的責任購買は、消費者が環境破壊や人権侵害など社会的責任を果たさない問題企業の商品を買わない不買運動として知られており、CSR調達は、企業がCSR活動の一環として、取引先の選定基準として環境保護や個人情報保護をはじめとして、コンプライアンス（J-SOX法など法令遵守）、食品衛生、人権尊重、安全衛生といった企業の社会的責任側面を重視するものである。

　2000年頃から広がった電子調達のしくみでは、比較条件としてコスト面を重視しており、低価格の商品や企業が有利となっている。社会的責任に積極的に取り組む企業はコスト的に不利であり、CSR調達の面からはコスト偏重の電子調達に対する見直しの必要性は避けられなくなってきている。一部の企業においては、電子調達への参加企業に対して、CSR活動の取り組みを呼びかけているケースがあるが、これでは公平取引から考えて適切であるとは思えない。取引先選定の条件として品質、価格、納期があり、さらに、環境や個人情報保護、コンプライアンス、食品衛生、人権尊重、安全衛生といった社会的責任の要素を加えた評価項目が事前に明示され、それぞれの評価項目について慎重に審査されることがCSR調達を実現するためには不可欠となる。

　ここでも、問題となるのは、電子調達システム上の企業情報が現実の企業実体を適切に投影できているのかという点である。再生紙で環境貢献していると思われていた企業が古紙配合率を偽装していた事件があった。法人顧客からは評判がいいのに消費者販売では苦情がたえないパソコンメーカーの例もある。電子調達を利用することが悪いわけではない。しかし、

業者選定や初回の商品選択においては、電子情報に限定されない情報収集を行って、慎重に判断することが必要である。IT利用によって、いかに作業効率が高まろうとも決して省略してはいけない業務や作業がある。リピート注文は自動化をめざすことが当然かもしれないが、業者選定や商品探索などの場面では、むしろ、担当者との面談やブログ上での評判など多種多様な情報を集めて最適な意思決定をすることが、ITマネジメント的であるといえるだろう。

◎生産の一番工程、最終工程としてのジャスト・イン・タイム物流

　IT利用によって、受注から調達、製造、保管、納品配送といった部門の壁どころか企業の壁をも越えたビジネスプロセスの連鎖—サプライチェーン—が可能となってきた。その結果、工場内の部材移動と工場外との部材移動との違いが薄れてきている。トヨタ生産方式では、ジャストインタイム生産を実現するために、かんばんを使った後工程引き取りによる工程管理が採用されている、かんばんとは、後工程と前工程との間でやり取りされるオーダー票であり、後工程から前工程に生産着手を指示するためのものである。かんばんは使われた分だけオーダーに出されることによって、決して作りすぎが発生しない。必要なものを必要な分だけ必要な時に生産するジャストインタイムがかんばんによって実現されているのである。

　しかし、かんばんによる生産オーダーは工場内でのことであり、外注先や資材調達先に対しては発注書と納品書のやりとりが一般的である。工場内の一番工程が必要とする部品や材料が準備できなければ、後ろの工程は前工程からの納品を待って全て止まってしまう。ジャストインタイム生産では全ての工程が隊列を崩すことなく行進することが絶対条件であるにもかかわらず、材料調達のせいで機能停止に陥ってしまうのである。そこで、社外への部材調達もまた、必然的に生産の一番工程としてジャストインタイムに対応することが必要となってくる。調達先が同じ構内に同居しているのであれば調達先もかんばんの引き取りによって納品することがで

きるが、遠隔地の取引先との間では、かんばん情報をデータ伝送して連係する「電子かんばん」のしくみが必要となる。紙媒体であるかんばんをデータ伝送のために電子情報に変換し、相手先のプリンタで紙媒体に戻すことで、「かんばん」を使った後工程引き取りによる工程管理が、企業の壁を越えて行われているのである。紙媒体の方が情報伝達にすぐれていると考えればIT利用にこだわらないのがトヨタ生産方式的であり、むしろITの本質をおさえているといえる。

最終工程の先にある客先納品でも、資材調達と同じことがいえる。納品先もまたかんばん生産を採用していれば、その納品も客先からのかんばんに従うことになる。かんばん生産の上流も下流も「電子かんばん」を介して伸ばしていくことが可能なのである。「電子かんばん」は単なる発注書とは意味が違う。その情報によって、企業の壁を越えた工程の連鎖が実現している。企業の壁を越えたジャストインタイム生産が実現している。必要なものだけをつくり、必要以上につくりすぎないというトヨタ生産方式の理念こそ、サプライチェーンマネジメントがめざす方向性を示しているといえないだろうか。

◎パラメータ変化の監視が重要となる在庫管理

在庫管理において基本となる発注方式として、定量発注方式と定期発注方式の二つがある。

定量発注方式は、在庫量があらかじめ設定しておいた発注点に達したときに発注するものであり、発注時期は一定でない。これに対して、定期発注方式では発注時期を一定間隔に固定しておき、その時点での需要予測にもとづいて毎回の発注量を決定する。通常、定期発注方式は手間がかかるため、取扱金額が大きくきめ細かい在庫管理が必要となる品目は定期発注方式で、そうでないものは定量発注方式で行われることが多い。

ABC分析は、取扱金額をもとに在庫品目のクラス分けをするためによく利用されおり、取扱金額の累積構成比から在庫品目をA、B、Cの3つのクラスに区分することができる。一般的には、累計構成比の上位から70

~80%がAクラス、80～90%がBクラス、90～100%をCクラスとし、定期発注方式はAに対して、定量発注方式はBとCに対して適用される。定量発注方式は、その都度、発注量を決定する必要がないかわりに、あらかじめ、発注点となる在庫量と、1回あたりの経済的発注量（EOQ：Economic Order Quantity）を設計しておくことが必要となる。発注点となる在庫量と経済的発注量は、以下の式によって計算することができる。

・発注点となる在庫量 = リードタイム中の平均出荷量 + 安全在庫量

・経済的発注量 = $\sqrt{\dfrac{2 \times 1回あたりの発注費用 \times (1日あたりの出荷量 + 1日あたりの安全在庫量)}{在庫保管費用（円/（個・日）}}$

・安全在庫量 = 安全係数 × 1日の出荷量のばらつき（標準偏差）× $\sqrt{リードタイム}$

ここで問題となるのは、1日の出荷量をどうやって割り出すかである。

一定期間の出荷実績から平均を出すとしも、その期間を1か月や半年、1年、2年にするのかが問題となる。安全在庫量の算出においても、その期間における出荷量のバラツキを決めることが必要となる。結局、季節変動や自社が行うキャンペーンや客先での仕入サイクルなどイベント的な情報まで加味した上で、出荷実績をとる期間を考えないと、発注点となる在庫量も経済的発注量も不適切ということになり、補充発注をかけたにもかかわらず在庫切れを起こしたり、在庫過多となる恐れが高まるのである。

定期的に需要予測を行う定期発注方式でも、需要予測のもととなる出荷実績の対象期間の設定によって、予測精度に大きな影響を与えてしまう。予測の手法としては、古典的な指数平滑法を使おうが、多変量解析による時系列予測を使おうが、元となる実績データが適切であれば、ある程度の予測成果は期待できる。需要予測がうまくいかないケースでは、実績データの取り方に問題があり、その多くで実績データの取り方について見直しがされていない。定量発注方式で使用される上記の計算式でも、現実の倉庫現場を適切に情報投影していることが在庫モデルとしての前提条件であ

る。需要予測があたらないと嘆く前に、計算式上のパラメータが変化していないかについて常に注意を払わなければならない。データウェアハウスやデータマイニングは過去実績データから何が起きているのかという傾向分析のためにこそ使うものである。将来予測はその先にある。

◎作業分析に基づくロケーションの最適化

　倉庫や物流センターでは、入荷された商品をどこに置いておくかが重要となる。置き場所が悪ければ、結局、出荷する際に時間がかかるだけでなく、どこに置いたのかわからなくなり、探すのに時間がかかってしまう。

　定番商品であればこのようなことはあり得ないかもしれないが、倉庫には営業都合で保管されているものや、客先都合で取り置きしてあるものなど、様々なイレギュラー品が置いてあることを考えれば、珍しいこととも思えない。よく動く商品とほとんど動かない商品をどこに置けばよいか、さらにその中間に位置するような商品はどこに置いておくのかといった問題に対しては、前項の発注方式においても出てきたABC分析が利用できる。しかし、在庫金額だけではなく、「動く」「動かない」を分析するためには、在庫数量や、入出荷や移動の回数などの作業頻度をみる必要がある。特に、入出荷や移動といった作業が効率的かどうかは、倉庫や物流センター全体のオペレーション性能に大きな影響を与える。単に荷受けし、保管して出荷するという倉庫業務のイメージは激変しており、実際には、検品、点検、測定、記録、加工、補修、廃棄など付加的な役務サービスが増えていることが少なくない。食品や動植物のような取り扱い条件が厳しい商品だけでなく、品質保証や安全、環境管理といった取り扱い条件はあらゆる商品にまで及んできている。商品の取り扱い条件によって、倉庫で働く従業員の作業が変われば、それに合わせて荷動きも変化する。単に入荷しやすい、出荷しやすいという理由だけでのレイアウトやロケーションでは、作業効率は悪くなり、物流能力が低下することとなる。また、商品ごとに必要となる付加的な役務の量や手間に違いがあれば、利益貢献性にも違いが出ているはずである。活動基準原価計算（ABM：Activity

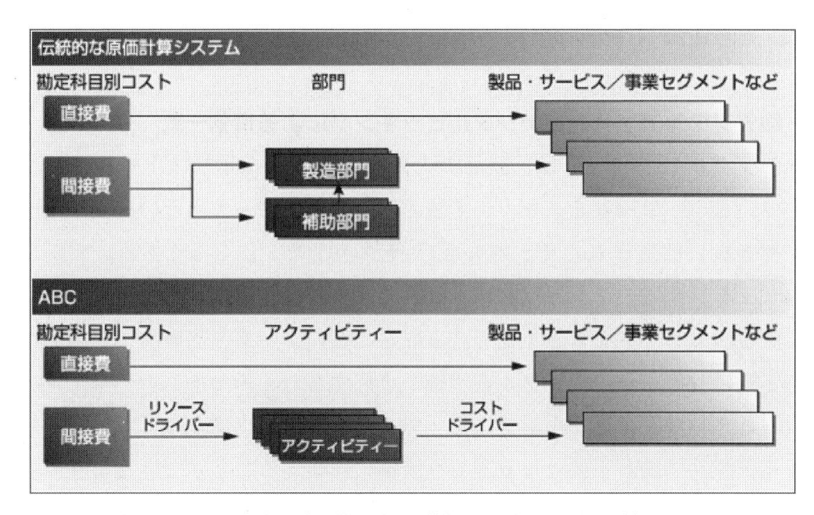

図表37　ABC（活動基準原価計算）と伝統的原価計算との比較

日経パソコン PC online サイトより引用
http://info.nikkeibp.co.jp/nbpp/jinji09/keiei.html

Based Management）は、まさに、儲かる取引先や商品がどれなのかを分析するためのものである。

　余裕があるはずの物流スペースが在庫数が増加しているわけでもないのに手狭になってきたり、アルバイトの投入が年々増えるといった状況は、倉庫が工場化してきている状況を示している可能性がある。日中や週間、月次、四半期、年間といった期間を通じて、倉庫の中で何が起きているのかを知ること、つまり倉庫を「見える化」することが必要である。そのためには、入出荷記録だけでなく、作業記録の情報化が必要となる。いつ、誰が、何の作業を、どのように行ったのかについてデータ分析するためには、商品や棚にタグやバーコードを付けるだけでは足らず、担当者の社員証や作業指示書にタグやバーコードを付けて読み取るといった情報処理も必要になるかもしれない。しかし、その前に、現場を歩き、担当者にヒアリングし、業務フローを書くなどして、倉庫を「見える化」することが先決となる。現実とかけ離れた情報処理を進めることの危険性と無意味さ

は、あらゆる IT 経営の事例からも学び取れることである。

◎デジタルアソートとデジタルピッキングによる情物一致

　デジタルアソートとは、商品の入荷時に、入庫指示リストや商品についているバーコードをスキャナで読み取ることによって、その商品を入庫すべき棚に設置されたデジタル表示機が点灯するしくみである。デジタルピッキングは、これと反対に、商品の出荷時に、出庫指示リストについているバーコードをスキャナで読み取ることによって、出庫すべき商品がある棚に設置されたデジタル表示機が点灯するしくみである。デジタルアソートとデジタルピッキングによって、誤入庫や誤出庫がなくなるだけでなく、商品知識が不要となり誰でも簡単に作業することができるようになる。そして、何よりも、現物の入と出に対応してデータ登録されることによって、コンピュータ上の棚別在庫が実際の棚別在庫を正しく反映するという情物一致を実現できる。先に説明した BAM を実現するためにも、倉庫での在庫状況をリアルタイムに把握することができるデジタルアソートとデジタルピッキングは意義がある。

　しかし、物流業務における情物一致は、実際には簡単なことではない。

　デジタルアソートやデジタルピッキングのようなしくみを導入したとしても、運用ルールが徹底していなければ、システム上の在庫データと現実の在庫とが一致しなくなる。物流の現場では、出荷間際になってキャンセル連絡が入ったり、予定していなかった入荷が入るなど、想定外のことが起きることによって、作業を中断して一時的に決められたものと違うものを置いたりすることがある。実際には入出庫用の場所だけでなく、工場内の仕掛品と同じように、作業と作業との間ごとに一時的な置き場所が必要になってくる。特に、作業中に予定外の出入りがあると、定められた場所にものを置いている余裕はなく、頭で覚えておくか貼り紙などをして仮置きすることになる。デジタルアソートやデジタルピッキングでは、入出庫に使われる棚だけがロケーション管理されるため、システム上では入出庫したことになっているのに実際は違うという情物不一致が起きてしまうの

第3章 ITマネジメントによるビジネス革新

である。

　物流業務における情物一致を本当に実現しようとするならば、こうした一時的な作業用のスペースについてもきちんとロケーション管理し、その番地（格納位置）を情報システムでも管理する必要がある。倉庫で起きている実際のものの流れを情報システムに投影することができれば、どこが混雑しどこが閑散としているかを明らかにしてレイアウト変更を考えることもできる。しかし、あらゆる作業用のスペースをロケーション管理しようとしても、現場がやりきれなければ、結局、情物不一致を招いてしまう。情物一致は、デジタルアソートとデジタルピッキングを導入したからといって実現できるわけではない。それを使って物流業務を行う運用担当者が一致させようという強い意思がなければ達成できない。実地棚卸の時

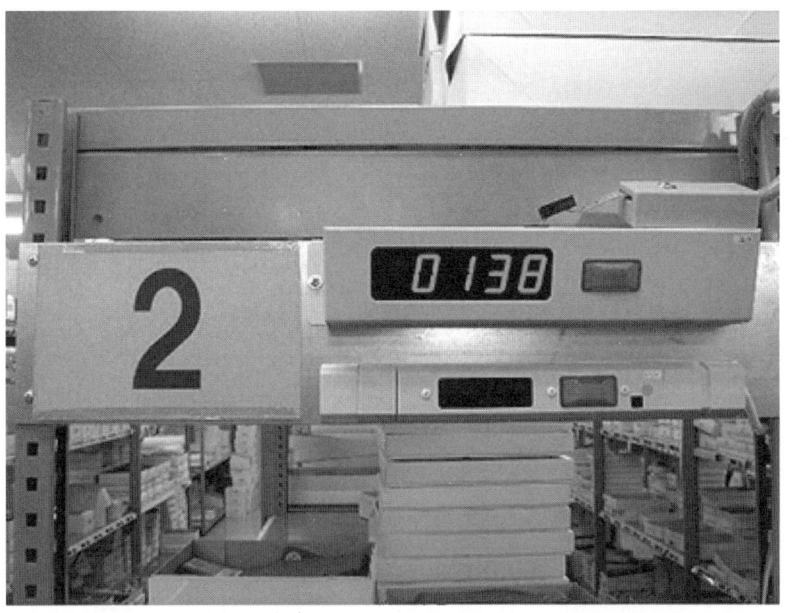

図表38　デジタルアソート、デジタルピッキングの表示例

ITproサイトより引用
http://itpro.nikkeibp.co.jp/free/smbit/smbit/20050516/160896/?%22http://coin.nikkeibp.co.jp/coin/%22

に数を合わせばよいというような低い意識しかないならば、システム上のデータの品質も低くなるのも必然なのである。

◎**無線 IC タグによる現物管理の革新**
　無線 IC タグは、無線通信用のアンテナ付きの微小な無線 IC チップであり、バーコードと違って離れた場所から情報を読みとったり書き込むことができる。離れた場所から情報を読みとれることによって、無線 IC タグを貼付したパレットやケースをリーダーライターが付いたゲートに通過させるだけで自動で入出荷データを登録することが可能となる。また、製造日や入荷日などの情報を記録させておくことによって、実地棚卸の際に賞味期限切れや長期滞留の商品を自動判定することもできる。あらゆる商品に無線 IC タグを貼付するには低コスト化が不可欠だが、高価な商品や工具、重要書類などに貼付して現物管理に利用する事例は広がってきている。ウォルマート社は商品に装着したタグで流通管理システムを構築し、GAP 社は個々の衣料にタグ（40 セント）を取付け、商品流通を追跡管理している。また、フォード社は部品、半製品、完成車の履歴、オプション管理をタグで管理しており、リーダを搭載した車が駐車場内を走り、在庫状況を常時管理している。素材や製造方法の改善などによって、無線 IC タグの低価格化が進めば、あらゆる商品に貼付することが可能になっていくだろう。

　温湿度や光、モーションセンサーなどを組み合わせた無線 IC タグでは、対象物の変化について自動的にデータ記録することができる。温湿度センサーを使って、低温低湿度での管理が必要な食品や工芸品の保存状態を保管場所ごとに記録したり、光センサーを使って、果実内部を透過した光の量を分析し、糖度や酸度、内部障害などを保管場所ごとに記録することによって、品質事故があった場合、どこで問題が生じたかを探し出すことができるようになる。人感センサーや開閉センサーなどのモーションセンサーを使えば、返品物が開封済みかどうかを判別することもできる。

　このように、アイデア次第で様々な業務改善が期待できる無線 IC タグ

だが残された課題もある。複数の無線ICタグを同時にリーダーライターが読み取ろうとすると、検知漏れが生じたり、通信可能な距離が短いことなどが課題として挙げられている。総務省では携帯電話で利用されていたUHFの950MHz帯を無線ICタグで利用することを検討している。UHFでは5メートル以上の通信が可能であり、工場など広い場所で多数のタグを同時に検知するような用途にも向く。

　低価格化の問題も無線ICタグを印刷技術で作成する取り組みが進んでいる。無線ICタグの普及に向けて、商品の製造から保管、配送、販売までのサプライチェーン、さらには、回収、廃棄といったリバースロジスティクスにおいて、企業の壁を越えた情報共有、情報連係のしくみを築くために、業務用途ごとのデータフォーマットやコードなどアプリケーションシステムレベルでの標準化を進めていくことが今後の課題となっていくだろう。

◎食品産業以外にも広がるトレーサビリティ

　前項で説明した無線ICタグを付けた商品を流通させることによって、その商品がどのような製造過程や物流経路をたどって消費者まで届いたのかを追跡（トレーサビリティ）することができるようになる。法令で義務付けされている牛肉をはじめとして、食品や医薬品、医療機器、工業製品、自動車、廃棄物などの分野において、商品の安全証明や回収可能性の確保などを目的としてトレーサビリティの導入が広がっている。商品の安全証明においてはトレーサビリティによって消費者から生産者までさかのぼれることが、回収可能性の確保においてはトレーサビリティによって生産者から消費者までたどっていくことが可能となる。また、トレーサビリティは、企業内における調達や製造、保管、出荷といったプロセスを追いかけるためにも取り組まれている。不良品が発生した場合に、不良品の範囲を特定できなければ全ての商品を廃棄しなくてはならない。そのため、大量生産型の製造業では、ロット管理と合わせたトレーサビリティシステムを構築している。ロットとは、原材料調達や製造工程などにおける処理

単位であり、同一条件で調達や製造されたものの集まりであることから、同一の品質のものの集まりと見なすことができる。

ロットには、発注ロットや製造ロット、検査ロット、出荷ロットなどがある。バーコードや無線ICタグで商品コードや出荷ロット番号を書き込んでおけば、出荷、検査、製造、発注とさかのぼることによって、品質不良があった商品がどこの工程で問題を起こしたのかや、同一の問題によって品質不良となっている商品を特定することができる。

この際、重要となるのは、ロット管理の対象となる各工程で、各ロットごとの処理日や使用設備、要員などの実施状況を詳細に記録しておくことである。センサー付きの無線ICタグであれば、保管や加工時の温度などを自動でデータ取得することができるが、品質不良の原因となる要素は広範囲にわたるため、受入記録や作業記録、検査記録、出荷記録など各工程ごとに作成される全ての記録やデータがロット番号でひもづけられることが望ましい。当然のことだが、そこに書かれる記録内容が正確であり、漏れがないこと、適切なタイミングで作成されていることが求められる。特に、ロット番号の対象となるものが処理されている間に記録しなければ、トレーサビリティにならない。トレーサビリティシステムを構築する場合には、その運用に携われる要員がトレーサビリティの意義と、トレーサビリティを確保するためにはロット管理を徹底しなければならないことについて理解していることが最も重要な前提条件といっても過言ではないだろう。

4 製造・エンジニアリング分野におけるITマネジメント

◎ 5S、7Sを推進するITによる見える化

5Sとは、整理（要らないものを捨てること）、整頓（決められたものを決められた場所に置いていつでも取り出せる状態にしておくこと）、清掃（汚れのないきれいな状態にすること）、清潔（汚れのないきれいな状態を維持すること）、しつけ（決められたルールを守ること）という五つ

の当たり前のことを当たり前に実行することを意味する。食品産業では、さらに、洗浄（洗浄によって微生物による汚染を低下させること）、殺菌（殺菌や消毒、滅菌などによって微生物による汚染を低下させること）の二つを加えて7Sとする。5S、7Sはものづくりを行う企業においては、品質や安全、衛生を確保するために不可欠となる前提条件というべきものである。特に、「しつけ」の重要性は重く、どのような体制やルール、手段を整えようとも、それを使う人間がいいかげんであれば全ては水の泡となる。基準や手順書をいくら整備しても、5S、7Sがしっかりと確保できなければ意味がないことは、多くの食品会社での事故が示してきた。それにもかかわらず、多くのISO取得企業が認証のためだけに大量の規程類を乱造し、社員の多くがその内容を理解していないという状況は、いかに5S、7Sの取り組みが言葉で言うほど簡単ではないことを物語っている。

　また、IT利用の拡大は新たな問題を引き起こしている。情報の5Sができていないと情報の紛失や漏えいといった情報セキュリティリスクが高まるのはもちろんのこと、必要な文書が見つけられなかったり、古い業務基準を参照してしまうという業務上のリスクすら高まってしまう。情報システム上の主要なマスタファイル上で不要なデータが残ったままだったり（整理されていない）、間違ったデータがチェックされずにそのまま登録されている（整頓されていない）といった状況がまさにそれである。

　各社員がパソコンを利用して作成する文書ファイルは日々増え続けている。作成した本人ですら古い文書ファイルが何かを忘れてしまっていることも珍しくない。本来、IT利用は、ものの見える化を促進し整理整頓に貢献するもののはずである。原材料や製品、廃棄物の置き場を区別するためのゾーニングや、不良品や危険物などを区別するためのマーキングにおいて利用される境界線や標識は、工場の中を「見える化」するために大変有用なものである。しかし、境界線や標識が間違って表示されていたとしたらどうだろうか。信号機の故障は交通事故を呼ぶ。整理整頓のための道具が整理整頓されていない時に引き起こされる問題の大きさは計り知れない。情報システム上のいいかげんな在庫データを信じて、欠品クレームや

大量の減耗損を引き起こすくらいならば、倉庫の様子を直に見に行く方がましである。

　5S、7SのためにITを利用した見える化を推進するのであれば、工場やオフィスに存在するあらゆる設備や道具や資料が何に使われているのか徹底的に洗い出すべきである。工場やオフィスに存在するあらゆる設備や道具や資料を、ライン引きやラベル貼付、台帳管理などによって、ゾーニングやマーキング化することによってはじめて、要らないものや間違っているものを発見することができる。設備や機材、工具、原材料、作業工程、配置図、業務用語、要員、外注先、顧客など台帳管理すべきものは数え切れないほど存在する。台帳管理をグループウェアやナレッジマネジメントなどに行えば、見える化がより促進されるだろう。しかし、その場合においても、IT上の整理と整頓を継続しなければ、故障した信号機になりかねないことを肝に銘じておくべきである。

◎ CAD/CAM で SE 化する機械工

　CAD（Computer Aided Design）は、正確な作図や設計データの再利用といった設計作業の支援のためだけでなく、作成された設計データを元にしてNC制御工作機械に送るNCプログラムを作成するというCAM（Computer-Aided Manufacturing）連係のためにも利用されている。

　CAD/CAM化が進んだ工場はITベンダー化が進む。従来、職人が機械の前に張り付いていた作業が自動化され、SE（システムエンジニア）がCAD/CAMによる設計とプログラミング作業に従事する。CAD/CAMによって作成されたNCプログラムはLAN接続された工場の工作機械に転送される。材料をセットしておき昼間に作成されたプログラムを起動しておけば、夜間のうちにNC制御工作機械が無人で稼動して翌朝には加工された製品ができあがることになる。

　CAD/CAMは、従来的な職人による属人性の高い製造作業を合理化し、高品質、短納期、低コスト化を実現させた。しかし、CAD/CAMを技術習得もまた容易なことではなく、個人のスキルに委ねるところが大

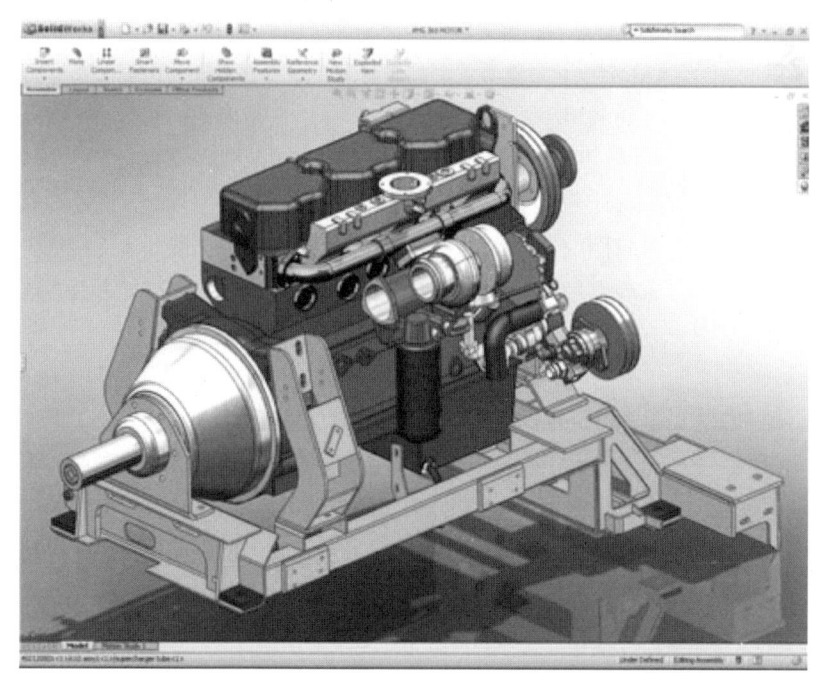

第3章　ITマネジメントによるビジネス革新

図表39　3次元 CAD/CAM ソフト SolidWorks の画面例
http://www.fea.ru/FEA_news_988.html

きく、SE人材の育成や業務の効率化が大きな課題となっている。その課題とは、まさに第2章であげた「情報処理業務」の課題である。システム設計や開発、運用業務におけるモデリングやプロジェクトマネジメントといった科学的アプローチによって、IT業務において新たに発生する属人化の排除にまた取り組まなければならないのである。かつて、IT業務はプログラミングが中心であり、費用もプログラマの人件費が主だった。

その後、システム設計を行うSEの人件費が高まり、さらには、プロジェクトマネジメントなどの管理業務やCASEツールなどを利用した標準化作業、情報セキュリティやコンプライアンス対応といった、品質保証のための取り組みが不可欠となっていった。CAD/CAMでSE化が進んだ機械工の業務が同じ道を歩むことを想像することはたやすい。他のSE

111

との作業連係だけでなく、客先からのデータ受理や委託先へのデータ提供などCAD/CAMデータの標準化や品質管理が重要となり、開発したプログラムの保守や再利用のためには、オブジェクト指向やアスペクト指向といったソフトウェア工学の適用が有効だろう。ものづくり作業が完全にIT化したとしても、その先にまた見えてくるのは、ソフトウェアという「ものづくり」に対する改善である。いかに正確にいかに効率よく製造するかという「ものづくり」の命題は、CAD/CAM時代においても引き継がれていくだろう。

◎ PDMによるコンカレント・エンジニアリングの推進

　PDM（Product Data Management：製品情報管理）は、工業製品の開発や保守、廃棄、リサイクルといった製品のライフサイクル全体を通した全ての情報を一元化することによって、設計品質の向上と設計期間の短縮を図ることを目的としている。また、開発部門にとどまらず、生産や購買、品質保証、営業といった他部門や、さらには社外の部品メーカーなどと情報共有することによって、コンカレントエンジニアリングが可能となる。コンカレントエンジニアリングとは、製品開発の初期段階から、製品設計や実験評価、生産準備、製造、出荷にいたる各プロセスの設計を同時並行的に進行することによって、製造におけるライフサイクル全体を最適化していくものである。製品開発の後工程の情報を開発者にフィードバックすることによって、製造作業の手間や設備上の制約、顧客の要望やクレーム、メンテナンスや廃棄、リサイクルのしやすさといった様々な知見を、製品設計に反映させることができる。また、PDMにネットワーク接続することによって、海外拠点も含めたマルチサイト開発（複数拠点での開発）も可能であり、PDMによるコンカレントエンジニアリングの輪はグローバル化している。

　PDM製品が提供する主な機能としては、①CAD図面や仕様書といったデータ管理や、②部品表（BOM：Bills of Materials）を利用した製品構成管理、③設計承認のためのワークフロー、④製品設計に対する知見を集

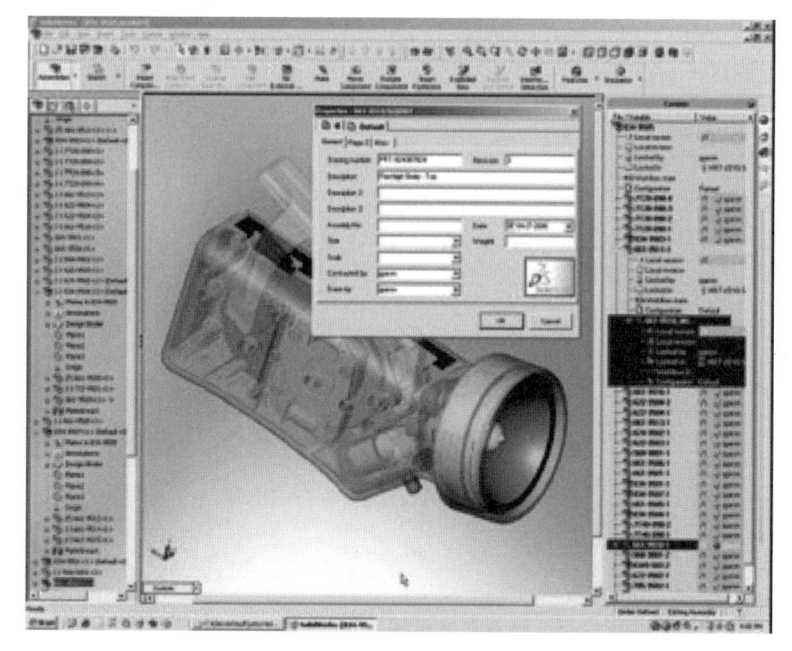

図表 40　PDM ソフト SolidWorks Enterprise PDM の画面例
http://www.solidweb.cz/struktura/pdm_enterprise.htm

めるナレッジポータルといったものがある。①データ管理では、製品ライフサイクル全般にわたって一元管理された膨大な製品情報に対する高速かつ柔軟な検索が可能である。取り扱えるデータの種類は、CAD 図面や仕様書だけでなく写真や動画など制限はなく、登録されたデータの版管理やアクセス制限もできる。製品に含まれる有害化学物質を集計する環境アセスメントを支援するものもある。②製品構成管理では、製品と部品、上位部品と下位部品の関係をツリー構造としてもつ BOM を構築することによって、順展開による使用部品の確認だけでなく、逆展開による部品の使用先の確認もできる。また、ERP とデータ連係することによって、部品在庫の自動引き当てや自動発注が可能となる。③ワークフローでは承認機能にとどまらず、設計業務の全体にわたるコンカレント・エンジニアリングを支援する。類似データを活用した設計開始や、複数の部署で行われて

いる設計作業のステータス管理、作成途中のドキュメントを共同編集できるコンカレント設計などの機能が提供されている。④ナレッジポータルでは、製品設計に関する社内部署の声や、顧客の要望やクレームといった様々な知見を集めることができる。

　コンカレントエンジニアリングを成功させるためには、部門や企業間における情報交換が円滑に行われることが前提条件となる。ともにいい製品をつくるための同士であるという意識共有が形成されていなければ、シナジー効果が期待できないどころか、オーバーラップされた作業が調整されずに混乱が生じる。よかれと思って出された意見に対する攻撃や無視によって共同作業の意欲がそがれてしまうのは、グループウェアやナレッジマネジメントでも見受けられる問題である。コンカレントエンジニアリングの主役はPDMではなく、それを活用する人であり、その成功の鍵は推進リーダーが握っている。

◎工程管理はプロジェクトマネジメントへ

　工程管理は納期確保や短縮のために、製造業や建設業をはじめとして多くの企業において不可欠なものとなっている。しかし、現実には、工程表をどれだけ精緻につくってみても納期遅延が起きてしまう。多品種小ロット化の流れが段取り替えを多くさせ、部材や要員の動きを複雑にさせているだけでなく、客先都合による「飛入り」や外注先でのミスによる「手戻り」、納期優先のための「割り込み」といったイレギュラーの頻発が、現場の作業を難しくさせている。裏返せば、現場の動きは工程表がなければもはや把握することは困難であり、工程表はまさに船が進路をとるための航海図のように、企業にとってなくてはならないものとなっているのである。

　工程表に書かれた作業計画に対して実際の作業実績を収集するために、POP（Point of Production：生産時点情報システム）を利用することが有効である。POPでは、作業者が各工程の開始及び終了時に、バーコード等の入力装置で作業報告を行うことによって、リアルタイムに進捗状態を

把握することができる。しかし、この場合でも、作業者がタイムリーに作業報告をすることが前提条件となる。「飛入り」や「手戻り」「割り込み」といったイレギュラーの発生が、通常のシステム運用を阻害し、その結果、作業遅延の把握が遅れるという悪循環を生み出してしまう。

　工程管理がうまく機能しない理由には大きく分けて、①計画間のズレ、②能力把握のズレ、③リスク認識のズレの三つがある。①計画間のズレとは、大日程計画や中日程計画、小日程計画の間に発生するズレであり、上位計画と下位計画が分離されてしまうことによって、下位計画での作業順序付けが上位計画からみて非効率となるものである。納期優先のための「割り込み」が客先に関係なく社内事情によって発生していることも少なくない。②能力把握のズレとは、要員や設備、外注先といった資源の能力把握が甘いために発生する工数見積もりのズレである。資源の処理能力は、単純に高低だけで評価するだけでなく、バラツキの大小も考慮する必要がある。標準化やメンテナンスといった処理能力を平準化する取り組みが行われていなければ、予期せぬ「手戻り」が発生することになる。また、①との関係においては、工程のどこに制約条件があるのかを把握しておかないと、全体のスループット改善に関係しない資源能力を強化してしまいかねない。③リスク認識のズレとは、工程全体が見渡せていないことによって生じる部署や担当者間における、納期遅延に対するリスク認識の相違である。余裕があるように見える前工程での作業遅延が、後工程にとっては致命的となる。また、遅延防止のためのバッファ個々の工程ごとにとられることによって、全体として過剰な期間設定になってしまうことも珍しくない。

　こうした工程管理上の問題を解決するためには、第2章において情報処理業務として紹介したプロジェクトマネジメントに取り組むことが必要となる。プロジェクトマネジメントでは、工程管理の有効性を確保するために、目的や範囲、最終成果物を明確にし、最終成果物を実現するために必要となる作業を上下関係を確保しながらブレイクダウンして、作業の最小単位となるワークパッケージの遂行に必要となる資源の種類と能力を洗い

出すととともに、アーンドバリューなど全体からみた進捗度を正確に評価し、関係者とタイムリーにコミュニケーションすることを求めている。そもそも、工程表に書かれた全ての工程や作業の内容について理解できている社員はどれだけいるだろうか。工程表が現場作業の流れを適切に情報投影していなければ、納期確保や短縮のためにどこを改善すべきかが見えてくるわけがない。工程表に書かれた工程自体を、定期的に現場作業の観察によって見直すことが、航海図としての工程表の有効性を維持するために不可欠である。

◎技術継承で注目されるeラーニング

　団塊の世代が大量に退職することによって、技術継承の重要性が高まっている。ベテランから若手社員への技術継承がスムーズに行えない場合、不良品の発生や納期遅れ、効率悪化による高コスト化といった短期的な問題が発生するだけでなく、長期的には、開発力や提案力が低下することによって、企業競争力もなくなっていく。しかし、既に技術継承ができる人材自体が減少してきており、さらに、IT利用など新しい技術との組み合わせにおいて、継承すべき技術を適切に伝えることができるベテラン社員はさらに希少な存在となっている。また、特殊な技術が必要となる案件が常日頃あるわけでなく、OJTの機会も少ないのが実情である。OJTを行っている場合でも、対象者のスキルレベルの管理や習得内容の計画にもとづいて実施されておらず、現場ごとの各担当者に任せっぱなしになっていることが珍しくない。

　こうした中で、eラーニングの利用が注目されている。eラーニングは、パソコン上で行う学習教材であり、職人的な専門技術を音声やアニメーションなどによって、「見える化」することができる。また、ウィキペディアやグーグルマップのように、コメントやレビューを共有することによって、ベテラン社員が持つ経験を知識化することができる。

　eラーニングに取り組む上で、まず、KnowWho（誰がどのような技術を持っているのか）を明らかにする必要がある。コンテンツオーナーがあ

いまいなeラーニングでは、誰が何を伝えたいのかすらはっきりしない。

　コンテンツオーナーは、各技術分野ごとのベテラン社員であるべきであり、若手社員の育成のために技術継承に取り組む意欲を持たなければならない。場合によっては、OB活用も検討すべきであり、eラーニングであればインターネットを経由したサポートも可能である。次に、いかにしてコンテンツを制作するかが問題となる。eラーニングの取り組む多くの企業が、コンテンツ制作の段階でつまづいている。アニメーションなどeラーニング上のコンテンツは、ベテラン社員に対するインタビューや業務資料を元に、eラーニング技術者が制作することが多いが、この際、ベテラン社員からeラーニング技術者へのコミュニケーションがうまくいかないという問題が起きる。技術の内容を適切に投影していないコンテンツは、技術継承できないどころか誤った技術継承をしてしまいかねない。

　見た目だけがよい不正確なアニメーションづくりに時間をかけすぎるよりも、写真や動画、業務資料など品質が確保できる素材を活用し、コメントやレビューによって、ナレッジ蓄積していく方が得策だろう。最後に、eラーニングによって蓄積されたコンテンツやコメント、レビューといった情報は、デジタルデータとして、検索やリンク付けが容易であるというメリットを活かすことが重要である。ウィキペディアなどで使われているブログベースのCMSは、eラーニング用のコンテンツを制作し、配信するために向いている。eラーニング専用のパッケージソフトでは、テスト問題の作成や、受講管理、成績管理、さらにはストリーミングによる遠隔授業といった教育用のシステム機能が充実している。テスト機能には、受講者の弱点を指摘して必要なコンテンツによる学習を促せるメリットがある。eラーニングの本質は、教え手と習い手という人間関係である。技術継承を成功させるためには、コンテンツオーナーによるコンテンツの見直しや、利用者によるコメントやレビューが活発に行われることが必要である。

5　会計、人事分野における IT マネジメント

◎スピード経営に不可欠となる決算の早期化

　2008 年 4 月から全ての上場企業は金融商品取引法の下で、四半期報告書の提出が義務付けられるようになった。そもそも会計情報は企業内外の利害関係者が意思決定するために提供されるものであり、経営者にとっても経営状況を迅速に把握できることは大変有用なことのはずである。四半期開示だけに限らず、決算の早期化を実現する上で情報システムは重要な役割を果たしている。

　ERP を導入することによって、業務システムと会計システムとを統合し、販売や仕入、在庫、製造といった業務データを会計仕訳に展開することなく会計データを生成することができる。子会社や関連会社間で同一の ERP を利用すれば会計情報を統合することができ、連結システムによって、連結データを自動的に生成できるようになる。しかし、実際には ERP を導入しただけで決算の早期化が実現できるかというとそう簡単な話しではない。システム化しようが、それが ERP であろうが、そもそもの業務データが正確、適切に登録されなければ何も変わらない。請求書や通帳に記載されている数値が経理の始まりであれば誰も困らないが、実際には、売上金額だけをとってみても、見積から始まり受注、出荷、検収など様々な過程を経て請求書が発行され、入金状況が通帳に記載されることになる。決算の早期化は経理部門だけですまされず、様々な部門を巻き込んでの調整が不可欠となる。決算を早期化できない原因を幾つかあげてみても、「出荷遅れで売上が確定できない」「注文書が未着で仕入や原価が確定できない」「取引条件があいまいでどのように取り扱っていいのか決められない」「各部門からの業務報告が遅れて締められない」「誤入力や入力漏れのチェックと修正に時間がかかる」などきりがない。ERP の導入など情報システムを利用することは、コード統一や入力チェック、自動計算、自動仕訳といった面で早期化効果はあるものの、部門間の調整や作業

のやり直し、そのための待ち時間などについては役に立つわけではないのである。

　決算の早期化に取り組むためには、最終的に全ての勘定科目の金額が確定するまでの業務の流れをさかのぼっていき、個々の業務場面ごとに何をすべきかについて全社的なルールを決めていかなくてはならない。そのために必要となるのは、全社的な業務プロセスを「見える化」するためのモデリングであり、決算の早期化のためにルールを改善すべき業務プロセスを明らかにして、改善計画を進めていくプロジェクトマネジメントである。こうした仕事は、全社的な視点からビジネス革新を進める立場にある情報システム部門に期待されるものであり、会計システムは経理部門に任せてシステム基盤の運用、保守業務についてのみ関与するといった消極的なスタンスでは、「モデリングと情報処理によるビジネス革新」としてのITマネジメントの推進部門としての意義が問われることになるだろう。

◎国際会計基準に向けたコンバージェンスとアドプションの流れ

　世界共通の財務諸表作成基準にしたがって、各国の企業が財務諸表を作成すれば、どの国の企業であっても投資家は投資判断することが容易となる。IASB（国際会計基準審議会）が策定している国際会計基準は、EUやオーストラリア、ニュージーランドでは既に適用が始まっており、米国会計基準もまた国際会計基準との統合化が進められている。わが国においも、金融庁の企業会計審議会は、早ければ2015～16年にも国内企業に国際会計基準の適用を義務付けることを検討している。国際会計基準の導入は、経理部門だけの問題ではなく、企業の業務全体に影響が及ぶ。情報システムへの影響も会計システムだけにとどまらない。財務諸表の形式を損益計算書から包括利益計算書に変更するだけであれば、大きな問題ではないが、収益や費用など日常の業務に関わるルール変更に対しては、経理部門だけでの対応や会計システムの変更だけでは解決することができない。

　たとえば、国際会計基準では出荷基準ではなく、着荷・検収基準での売上計上も求めている。多くの企業では、販売システムで出荷登録したデー

タを、会計システムにそのまま売上データとして登録しているが、配送会社からの着荷通知データや客先からの検収通知データを受信して売上データとするといったシステム変更が必要となってくる。また、販売時にポイント発行しているケースでは、ポイントが使用されるまでは繰延資産として計上しておき、ポイントが使用された時点で売上計上する必要がある。

　国際会計基準への対応では、他にも、開発費の資産計上や資産除去、退職後給付債務、金融商品やのれんの公正価値測定、過年度遡及修正など多くの変更事項があり、さらに、米国会計基準と国際会計基準との統合化の中で、顧客対価モデルという契約重視の新たな収益認識の方法が検討されており、今後も変更・拡大されていくことが推測される。現在発表されている変更点に対応するだけでは十分ではなく、システム変更も国際会計基準に対応した会計システムやERPを導入すれば終わりというわけにはいかない。サーバやネットワークといったIT基盤を仮想化することによって、その上で稼働するIT要素がいかに変化しようともその影響を受けないように工夫したように、アプリケーションシステムもまた仮想化していくことが必要になってきている。

　国際会計基準では、セグメント会計の実施においてマネジメントアプローチという財務会計と管理会計一致の方針をとっている。多くの企業では財務会計システムは監査や税務など報告用として利用し、経営判断のための業績資料は管理会計システムで作成している。しかし、マネジメントアプローチにおいては、報告用の財務諸表データと管理会計データを連動させる必要がある。

　国際会計基準自体が発展途上であり、今後も変化し続けるものであり、管理会計に対する要件や仕様もまた当然に変化し続けるものであるとすれば、ロバストネス分析やMVCのように、会計システムもまた、会計取引データを格納する「Model」部分と、②財務諸表の表示を司る「View」部分、③入力された会計取引データを様々な会計基準用にデータ処理する「Controller」の3要素に分けて設計、開発するアスペクト指向のセンスが必要となることは必至である。アプリケーションシステムの仮想化、特に

会計システムの仮想化によって、複数帳簿対応は当然として、異なる財務諸表からでも元となる業務システム上のデータにアクセスできる元帳－補助簿連係としての本当の意味でのERPを実現できるはずである。

◎ XBRLでインテリジェンス化が進む財務報告

前述した国際会計基準では、XBRL（Extensible Business Reporting Language）よる電子開示も同時に進められている。XBRLは、財務情報を作成し、流通、利用することを目的として国際的に標準化されたXMLベースの言語であり、ソフトウェアやシステム環境を問わず利用することができる。日本では、2008年度からXBRL化による電子開示システムEDINET（Electronic Disclosure for Investors' NETwork）の運営が始まっており、金融庁は上場企業に対して2008年4月からXBRL形式による財務諸表の提出を義務付けた。XBRLは、タクソノミと呼ばれる会計的意味の辞書とインスタンスと呼ばれる実績値データから構成されており、国際会計基準用のタクソノミも開発されている。タクソノミでは、勘定科目や勘定科目の並び順、勘定科目間の計算式などを定義することができる。

現在、多くの企業では、社内の会計システムにおける勘定科目の体系を変更せず、財務諸表の完成後にEDINETが用意したXBRLのタクソノミに合わせた開示情報を作成することで対応している。しかし、XBRLは、単に電子的に財務報告するためだけに開発されたものではなく、財務情報の作成から配布、最終の利用時点まで途中に人手を介さず、一気通貫による情報処理を可能にすることによって、会計情報の整合性確保や会計不正の排除をめざしたものであり、レポーティングツールとしての位置づけは適切なものとは言えない。XBRL本来の目的から考えれば、EDINETのタクソノミや国際会計基準用のタクソノミに準拠して自社の勘定科目体系を再編し、関連する業務プロセスを見直すことによって、財務諸表だけでなく経理業務の公正性が確保されるようにならなければならない。

XBRLの取り組みにおいても、経理部門と会計パッケージだけの問題として、情報システム部門が関与しないケースがほとんどである。しかし、

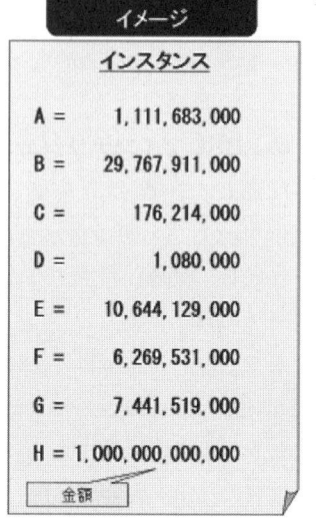

図表 41　XBRL の構造

※東京証券取引所 Web サイトより引用
http://www.tse.or.jp/rules/td/xbrl/about.html

　決算の早期化や国際会計基準のところで述べたように、XBRL もまた全社的な業務の見直しやモデリングが不可欠となるものである。IT 利用を単なる部署ごとの業務の効率化だけに終わらせるのか、全社的なビジネス革新に結びつけられるのかはまさに CIO や情報システム部門に求められる IT マネジメント上の問題である。

◎アカウンタビリティとコンピテンシーから考える人事評価

　人事におけるアカウンタビリティは、職務に必要とされる能力や成果を測定できるように明確にする義務を指す。野球でいえば、チームの優勝や勝利のためには、打率や長打力、盗塁、犠打、守備力といった能力が必要であり、選手の評価はこれらの成果を測定することによって行われる。
　そして、野球選手と同じように、企業業績に貢献するような能力や成果

第3章　ITマネジメントによるビジネス革新

がコンピテンシーである。コンピテンシーは、ハーバード大学の心理学者であるデイビッド・C・マクレランド教授らによって考えられたものであり、社員の中から高業績を挙げている人（ハイパフォーマー）を抜き出して、考え方や行動特性といった要因を抽出し、数値化できる尺度を作り上げようというものである。アカウンタビリティに取り組む企業では、自社の企業理念や企業目標を達成するための能力基準としてコンピテンシーを明確にした上で、役割に応じて要求されるコンピテンシーに対する充足度を評価し、配置異動や昇級昇格、教育訓練といった人事施策に結びつけている。

　アカウンタビリティとコンピテンシーという新しい人事制度の潮流に対して、ITマネジメントはどのように関係してくるのだろうか。ITマネジメントの観点からは、二つの関心事が浮かび上がる。一つは、「モデリングと情報処理によるビジネス革新」として、人事制度をまさにアカウンタビリティによって「見える化」し、コンピテンシーの成果測定といった情報処理を行う人事システムを整備することであり、もう一つは、情報システム部門の要員などITマネジメント人材の育成、配置というITマネジメント業務そのものである。一つ目の問題として、コンピテンシーをどのようにして体系化していくかがあげられる。その取り組みにおいては、粘り強い仮説立案と検証を繰り返すモデリングが必要であり、継続的な改善を前提とする長期的なプロジェクトマネジメントの視点が不可欠となる。

　安易で短絡的なコンピテンシーの設定は、真に企業業績に貢献する社員のモチベーションを低下させ、組織のパフォーマンスの悪化をもたらすだけである。二つ目の問題は、IT要員にとってのハイパフォーマーとはどういった人材なのかである。IT要員に対する一般的なコンピテンシーは情報処理技術者試験制度が参考になるとして、全体最適の視点から情報システムを構築できる人材は、自社の経営方針や業務内容に精通するとともに、部門間の利害調整のためのコミュニケーションができると思われる。

　IT知識についてもシステムベンダーほどの専門性は不要としても、目利き能力が問われるだろう。とかく、情報処理業務については経営者も人

123

事部門もよくわからないということで避けられがちである。しかし、ITマネジメントの善し悪しが現代企業の業績に大きな影響を与えることを考えれば、自社のIT要員に関するコンピテンシーについて前向きに議論すべきであることは当然ではないだろうか。

◎ディレクトリによるユーザIDと職務権限の統合管理

　情報システムの開発、運用においてユーザIDによるアクセス制限は、情報システムの信頼性を確保するために重要かつ不可欠なものとなっている。ユーザIDによって情報システムへのアクセスや利用機能を制限するためには、ユーザIDを利用者ごとに割り当ててパスワード保護することによって、他の利用者のユーザIDを使用できないようにすることが必要となる。しかし、利用者にとっては情報システムごとにユーザIDとパスワードを覚えることはたまらない。そこで、シングルサインオンという機能が考えられ、全ての情報システムが共通のディレクトリにアクセスして共通のユーザIDによる認証を行う方式をとる企業が増えているが、それでもまだ問題が残っている。人事異動のためにディレクトリ上のユーザIDを誰が更新するかという問題である。ユーザIDは情報システム部門が人事部門から人事異動情報を受け取って更新していたり、利用部門からの申請によってユーザIDを追加、変更、削除しているケースが多い。情報システムの利用が限定的な状況ではこうした運用形態でもさほど問題にはならないが、情報システムの利用がその部署における業務遂行に不可欠となるような状況では、ユーザIDの発行が遅れたり、異動や退職後もそのユーザIDが残り続けることは問題である。また、企業において、その所属や職務によってアクセス制限されているものは情報システムだけに限らない。IDカードによる入館チェックやメールボックス、キーボックスの暗証番号など、社内を探せばいくらでもある。

　そもそも社内の施設や資源へのアクセス制限は、採用、退職、異動、出向、転籍といった社員に対する身分や職務権限の変化にあわせて行われるべきものである。ID統合管理ツール製品は、こうしたニーズから生まれ

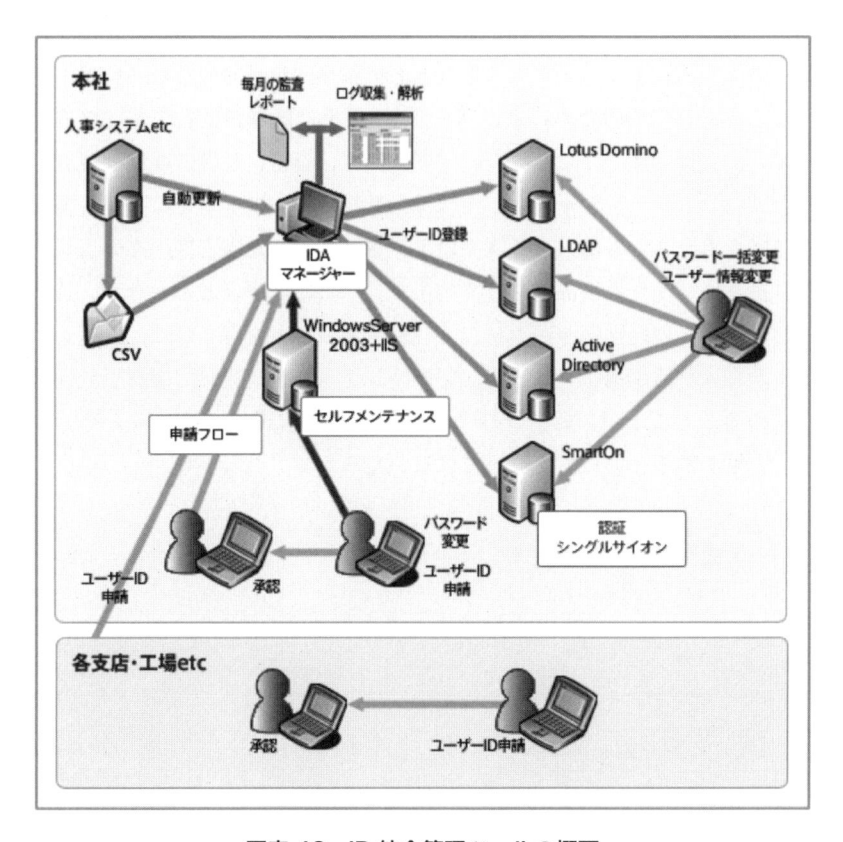

図表42　ID 統合管理ツールの概要

ソリトンシステムズ IDAdmin サイトより引用
http://www.soliton.co.jp/products/management/idadmin/structure.html

てきたものであり、人事システム上の社員データをもとにユーザ ID やアクセス権を自動生成する機能を有している。職務権限の割り当てが前項で説明したコンピテンシーと連動していれば、ユーザ ID を内部統制や情報セキュリティのためのアクセス制限だけでなく、教育訓練の観点から必要なコンテンツへのアクセス促進にも活用できる。ポータルや配信機能を持つグループウェアツールであれば、採用や異動とともに表示される情報がカスタマイズされる動的なイントラネットを構築することが可能となる。

本来、職務権限はアクセス制限という消極的な目的のために利用すべき情報ではなく、むしろ、アクセス促進として積極的な目的のために利用すべきものである。そのためには、ユーザIDが単に部署や職名などにひもづいているだけでは十分ではなく、学歴や職歴、資格、目標、評価、要望、さらにはコンピテンシーといった様々な社員情報とひもづくことが必要となる。人事システムは人事考課や給与、賞与といった機密性の高い情報を取り扱うことから人事部門だけで利用していることがほとんどだが、企業における最高の経営資源が人材たる社員であることを考えれば、人事システムから人材活用情報を抜き出してディレクトリを構築してアクセス促進を進めることこそが、企業におけるIT利用による効用を高めるための最大の方策であるといっても過言ではないだろう。

第4章 IT マネジメントの推進

1　IT マネジメントを推進するための IT ガバナンス

◎企業統治からみた IT マネジメント

　経済産業省の IT 経営ポータルでは、IT ガバナンスについて、「企業が、IT に関する企画・導入・運営および活用を行うにあたって、すべての活動、成果および関係者を適正に統制し、目指すべき姿へと導くための仕組みを組織に組み込むこと、または、組み込まれた状態」と定義している。そもそも、IT ガバナンスは、コーポレートガバナンス（企業統治）から派生した概念である。コーポレートガバナンス自体についても明確な定義がないが、法律上は企業は株主のものであることから、そもそもは株主のために企業価値を高めていくための取り組みであるいうことができるだろう。今後、企業には社会的責任があり、株主利益のためだけに活動することは不適切ということになり、顧客や社員、取引先、地域住民など様々なステークホルダー（利害関係者）の利益となるように活動すべきだという企業の社会公器論が主流になろうとも、「企業価値を高めていくための取り組み」であることについては変わらないだろう。だとすれば、IT ガバナンスにおいても、「誰のために」という点については今後も議論が分かれる可能性があっても、「企業価値を高めていくための IT に関する取り組み」であることは明らかである。IT マネジメントを構成する情報処理業務には、①情報戦略、②投資評価、③人材育成、④リスクマネジメント、⑤アーキテクチャ、⑥プロジェクトマネジメント、⑦システム開発、

⑧システム運用、⑨委託管理、⑩コンプライアンスという十の領域があった。企業価値に影響を与える IT に関する取り組みとして、これら十の情報処理業務がそれにあたることは明白である。

　ガバナンスの視点から考えなければならないのは、これらの情報処理業務を企業価値増大の視点から誰が指揮し、運営し、監視するのかという統制上の問題である。「企業価値の高めていくための IT に関する取り組み」の中で、①の情報戦略や②の投資評価は、特に重要な情報処理業務であることを考えれば、その担い手は経営者自身が決断を下す必要があるだろうし、CIO（Chief Information Officer）など情報システムを統括する執行役員がその業務を指揮すべきだろう。しかし、その実務は専門知識を持つ情報システム部門や外部ベンダーの手を借りて運営されることを考えれば、当事者である情報システム部門や外部ベンダー以外に、彼らと同等かそれ以上の専門知識を有する人間が存在しなければ監視どころか評価することもできないことは明らかである。情報処理技術者試験においてもシステム監査技術者だけが別格の位置づけとなっているのもこうした理由からである。しかし、実際には内部監査部門を有する企業であっても、システム監査が行える要員を持つところは少ない。システム監査を実施する領域も、システム運用や情報セキュリティ分野が多く、IT ガバナンスの視点からは企画、開発、さらには情報戦略の策定といった上流工程に対する監視がより重要であることは明らかである。情報戦略の決定や投資評価を行う経営者に対する監視機能は、監査役監査ということになる。その場合でも、内部監査部門など IT の専門知識を持つ者によって補佐することが不可欠である。CIO が情報処理業務を指揮、運営する側の責任者だとすれば、企業における IT 業務を監視する側の体制はなお弱いことになる。監視、監査機能の強化は、IT ガバナンスにおいてより深刻な問題かもしれない。

◎情報戦略、IT 予算の見える化が IT ガバナンスの前提条件

　IT ガバナンスにおいても「見える化」は重要な意義を持つ。そもそも、何のための情報化なのかが答えられない企業が少なくない。システム再構

築では既存システムの陳腐化が問題視され、グループウェアやデータウェアハウスの導入では情報共有や意思決定のスピードアップのためになるといい、システム基盤の最新化では他社とのIT化の遅れなどが経営者にアピールされる。

　しかし、だからといって、企業経営にとって何のメリットがあるのかはっきりしているわけではない。経営戦略からみれば、利用するITが昔ながらのオフコンであろうが、最先端のクラウドコンピューティングサービスであろうが、企業価値を高めてくれるならばどちらでもいいはずである。システムの陳腐化対策や情報共有の推進、他社との比較が間違っているわけではない。ただし、経営戦略からみればこれらは目的ではなく、手段にすぎない。バランススコアカードでは、「顧客」「財務」「プロセス」「学習と成長」の四つの視点で経営目標や成果を評価していたように、売上の増大や費用の減少、資産効率の向上といった直接的な「財務」の視点での効果が期待できない場合であっても、「財務」の視点につながる「顧客」や「プロセス」「学習と成長」の視点から、何のための情報化なのかを明らかにしておかなければ、情報処理業務を企業価値増大の視点から指揮・運営することは困難であり、監視や監査にいたっては実施もできない。

　システム再構築の例で考えてみると、システムの陳腐化が原因となり顧客サービスの停止や遅延という「顧客」の視点でのリスクを回避することが経営戦略であり、システム再構築によって、さらには、業務の確実性やスピードアップ、スループット増大まで実現させようというのが情報戦略となる。グループウェアやデータウェアハウスでは、クレーム対応や品質保証の強化を目的とすれば、「顧客」の視点にむすびつき、営業活動や製造活動での連絡漏れや認識誤りを防止するのであれば「プロセス」の視点にむすびつき、成功や失敗に関するナレッジを共有して社員能力を向上させたいのであれば「学習と成長」の視点にむすびつく。情報戦略を四つの視点で経営戦略に結びつけることができれば、具体的に解決する業務上の問題の中から重要成功要因を選定し、その達成度合いを測定するための重要業績評価指標を設定することが可能となる。システム基盤の最新化は、

情報システム部門が経営者に提示するIT予算の中で、最も理解しにくいものだろう。その理由は、ハードディスクのRAID化による信頼性向上やロードバランサーによるWebサーバの負荷分散など、経営戦略との関係がうすく、自社にとって本当に必要なものなのかがよくわからないことにある。その結果、情報システム部門などIT担当者に丸投げするか、一切否定するかといった極端な意思決定になりがちで、まさにITガバナンス不在の状況になりがちである。しかし、施設やシステム基盤といったインフラストラクチャーであっても、経営戦略に結びつけて考えることは決して難しいことではない。それらが直接的に「顧客」「財務」「プロセス」「学習と成長」の四つの視点に結びつかなくても、間接的に別の組織や業務に対して貢献することによって、結果的に四つの視点に結びつけることは可能である。バランススコアカードはまさにこうした戦略間の関係性を四つの視点というアスペクトによってモデリングするツールなのである。間接的な予算であっても、経営戦略に直接貢献する予算を特定して、そこに至る因果関係を明らかにすることによって、間接的な予算に対して直接的に関係する予算部署に監督責任をもたせることが可能になる。ハードディスクのRAID化による信頼性向上やロードバランサーによるWebサーバの負荷分散の例では、そもそもシステム部門だけで費用対効果を出すこと自体おかしなことである。システム基盤の最新化によって便益を受ける予算部署を特定し、その部署が経営戦略に直接貢献する予算とどう関連しているのかを明らかにしなければならない。ハードディスクのクラッシュによって業務停止した場合、受注機会の逸失や納期遅れなどによる損失が発生し、ロードバランサーによるWebサーバに対するページビューが増加し、宣伝効果が増すといった、経営に結びついた導入目的が明示されることによって、ITガバナンスが可能になるのである。

◎取締役責任が問われるセキュリティ保証

情報セキュリティは不正アクセスやウイルス対策のことだけを指すのではなく、その意義はもっと広く、社内においては業務が、企業間において

は取引が、適切に遂行されることを保証することにある。あらゆる業務において、情報の収集、処理、伝達することなしに遂行することができない。社内外を問わず、仕事はオーダーにはじまり、様々なオーダーが生まれ、すべてのオーダーが完了することによって、最初のオーダーが完了することになる。製造業であれば、客先からの注文に始まり、計画、設計、製造指図や材料手配、外注依頼、作業予定、検査、入庫、出庫、配送、検収、請求など、多種多様なオーダーが連鎖している。オーダーは紙であろうが、電子データであろうが、適切であることが求められる。では、オーダーが適切であるとはどういう意味だろうか。適切であるためには、①間違いないという正確性、②漏れがないという完全性（網羅性）、③法律的にも権限的にも有効であるという正当性、④利用できるという可用性、⑤秘密が守られるという機密性という五つの指標が果たされなければならない。裏返せば、間違いや漏れがある、法律に違反している、必要な承認がない、判読できない、不正使用されているといった状況があっては、オーダーは適切ではなく、業務も取引も失敗するということである。

　取締役は、会社との関係において委任契約となるため、会社に対して民法上の善管注意義務を負っている。上記のオーダーが適切であるように保証することも、取締役として当然のことである。コンピュータウイルスや不正アクセスによって、業務上のデータが改ざんされたり、不正使用されないように保護することも、善管注意義務の観点から必要なのだということを認識する必要がある。情報セキュリティを確保できないのであれば、情報化を進めるべきではない。情報セキュリティは取締役責任なのである。

　企業において取り扱っている情報は、実際にはオーダーだけではない。
　商品情報や顧客情報、図面や仕様書、設備や手順など、セキュリティ保証しなければ業務や取引に影響する情報は数えきれない。図面や仕様書などが情報漏えいした場合は、自社の知財保護だけでなく、それが客先からの預かりものであれば損害賠償の対象となる。顧客情報が個人情報であれば機密保護だけでなく、本人からの開示、訂正、削除に対する対応や、提供や共同利用に対する同意取得など個人情報保護法対応が必要となる。従

業員や従業員の家族情報も立派な個人情報であることを考えれば、個人情報保護方針の公示は小規模企業を除けば、たいていの会社に必要であるはずである。従業員情報が法律的に正当性を欠いているとすれば、企業は事業を行うことができるのだろうか。

J-SOX法上のIT統制で問題となる情報セキュリティでは、主に正確性と完全性、正当性の三つの指標が焦点となっている。しかし、本来は、可用性と機密性を足した五つの指標すべてを確保しなければ、社内業務も企業間取引も万全というわけではないのである。

図表43　セキュリティ保証における五つの指標

指標	意味
正確性	間違いない
完全性	漏れがない
正当性	法律的にも権限的にも有効である
可用性	利用できる
機密性	秘密が守られる

◎ IT依存の高まりとともに高くなる事業継続リスク

セキュリティ保証における五つの指標のうち、可用性は情報が利用できるという当たり前のことを意味することから、あまり重視されることがなかった。しかし、組織におけるIT依存度が高まる中で、可用性に対する重要性が高まっており、特に、事業継続計画（BCP：Business Continuity Plan）や事業継続管理（BCM：Business Continuity Management）が注目されている。BCMについては、経済産業省の「事業継続計画策定ガイドライン」、中央防災会議の「事業継続ガイドライン」、中小企業庁の「中小企業BCP策定運用指針」などを参考にすることができる。BCPは、災害や事故といった予期せぬ出来事の発生に対して、営業停止に陥ることなく最低限の事業活動を継続し、あるいは、営業停止を余儀なくされる場

合であっても、できるだけ早い営業再開を確保するために策定される。BCMは、このBCPにもとづいて、情報収集や従業員の教育訓練、必要資源の確保、取引先への要請といった活動を行い、定期的に評価、見直しするというマネジメント活動である。

情報システムにおける障害発生を例にとれば、業務停止から復旧までの時間が短かければ短いほど、事業に与える営業は小さくなる。しかし、そもそもの障害の発生を起きないようにする予防にも費用がかかる上、予防策によって確率が低くなるはずの障害発生に対して、事後の復旧対策にどの程度、時間と費用をかけてよいのかという難しい判断がせまられる。まさに、事業継続リスクに対する判断は、ITガバナンスの視点から考えるべきものであり、経営者自らが取り組むべきテーマであるといえるだろう。様々なリスクがある中で、企業にとっては営業停止に陥ること、さらにはその時期が長引くことは、まず収益機会を失い、さらには顧客が同業他社に鞍替えすることによって取引機会を失うことになり、企業倒産という最悪のシナリオにつながるものである。情報システムに対する業務依存が高ければ高いほど、情報システムの障害発生に対するBCP策定の必要性も高まるはずである。

BCMの取り組みは、通常、①事業継続が不可欠な事業の特定、②重要な活動の特定、③重要なリソースの特定、④リスク評価、⑤代替リソースによる切替継続の検討、⑥残存リソースによる縮小継続の設計、⑦BCPの発行、⑧代替リソースの手配、⑨代替リソースによる切替継続のテスト、残存リソースによる縮小継続のテスト、⑩BCPの見直し、といったマネジメントサイクルをとることになる。特に注意すべきことは、②重要な活動の特定と③重要なリソースの特定における見落としである。重要な活動の特定では、モデリングのところで紹介した業務フローなどによる現行業務の把握が鍵を握ることになる。表に見えている業務だけに目をやっていると、裏方でさせている重要業務を見落とす恐れがある。重要なリソースでは、ハードウェアやソフトウェアといった設備類だけではなく、オペレータやシステムエンジニアの存在を忘れてはいけない。特に、特殊

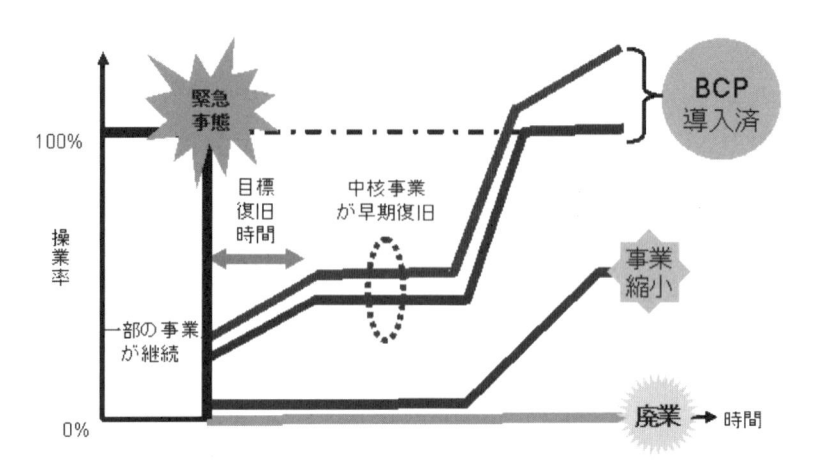

図表 44　事業復旧に対する BCP の導入効果

中小企業庁サイトより引用
http://www.chusho.meti.go.jp/bcp/contents/level_a/bcpgl_01_1.html

な運用オペレーションが必要となるような情報システムでは、代替リソースとして誰かが代わりにできるようにしておくことが必要となる。その場合、⑨の代替リソースによる切替継続のテストを定期的に実施しておかなければ、いざというときに代行できないということになりかねないことに説明の余地はないだろう。

◎内部監査部門の体制強化と CSA の導入が急がれるシステム監査

　IT ガバナンスを確立するためには、IT 業務を監視する体制の強化が不可欠であることは先に述べた。コーポレートガバナンスにおいては、経営に対する監視機能は取締役会や監査役、あるいは委員会などが、また会計監査人による会計監査及び内部統制監査を通じて行われることになる。

　そもそも、業務の IT 依存が高まる中で、業務監査であっても会計監査であっても、さらには内部統制監査であっても、IT 業務に対する監視抜きで有効な監査ができるはずがない。IT 業務に対する監視機能としてはシステム監査があるが、経済産業省の「システム管理基準」は任意のガイ

ドラインであり、企業にとってはこれに従ってシステム監査を実施する義務はない。しかし、もはや業務と密接な関係にあるIT要素を除外して、業務や会計、内部統制の有効性を評価することに現実味がなく、コーポレートガバナンスとしての監視機能に欠陥があると言わざるを得ない。しかし、企業内において、IT業務がわかる人材は情報システム部門に集中させていることが多く、内部監査部門を有する企業においても、IT業務がわかる人材が確保できるケースは少ない。専門知識がないと、その業務の適否が判断できない特殊業務の代表例であるIT業務では、上司による部下の業務に対する統制もききにくい。その業務が外注先に委託されている場合はさらに統制が弱くなる。

　ITガバナンスにおける監視機能を強化していくためには、大きく二つのシナリオがあると考えられる。一つは、内部監査部門など監視側の体制としてシステム監査能力を有する人材を育成、あるいは調達するものであり、もう一つは、情報システム部門やIT業務委託先などIT業務を担い手自身が、自己評価を実施し、その自己評価の有効性を内部監査部門などが評価するものである。前者については、十の情報処理業務の中でふれた高度情報処理技術者であるシステム監査技術者等の育成又は調達がそれにあたることとなる。後者は、コントロールセルフアセスメント（CSA：Control Self Assessment）と呼ばれるものであり、IT業務に責任を持つ部署自らがセッションや質問書によって業務や統制活動の有効性を評価する。IT業務の担い手側も、自らが積極的に監視を受けやすいように、特殊業務を「見える化」することによって、自身の正当性を主張することができる。そのときの評価規準として「システム管理基準」や「情報セキュリティ管理基準」を使うことができる。内部監査部門はその評価結果が適切な手順や方法で実施されているかというプロセスの監査を行えばよい。

　前者がIT業務を直接的に監視することをめざすものであるとすれば、後者は間接的に監視することをめざすものであるといえる。

　CSAはITガバナンスを実施する上で、主にJ-SOX法にもとづく内部統制の取り組みの作業負荷を軽減するものとして注目されている。しか

し、CSAにはもっと重要な意義を持つものとして位置づけることが望まれる。前述したように、情報戦略、IT予算の見える化がITガバナンスの前提条件であるとすれば、可視化されたIT業務の目標や予算を監視するためにこそ、CSAを位置づけべきである。セッションや質問書で評価すべき事項は、バランススコアカードで示された情報戦略、IT予算の内容に対比させて設定するべきであり、そうすることによって、CSAはITガバナンスの一要素として有機的に機能することになるのである。

◎ EUCの放置がもたらす権限の漏えい

EUC（エンドユーザコンピューティング）におけるパソコン活用は昔からOAの動力となるものとして、もてはやされてきた。しかし、本当にパソコンはオフィスをオートメーション（自動）化してきたといえるだろうか。他人がつくった文書ファイルはファイル名を見ても意味がわからず、開いてみても使い方がわからない。同じような文書ファイルがあちこちで作成されてはコピーされ、再使用するかどうかわからないまま放置されている。机にあたるパソコンの「デスクトップ画面には文書ファイルのアイコンが置いたままにされ、キャビネットにあたるフォルダには名前をみても何かわからない文書ファイルが散乱している。5Sやファイリングシステムなど整理整頓、業務の標準化に取り組んでいる企業であっても、パソコン上の文書ファイルは「見えない化」を加速しているのである。電子メールでは、従来であれば起案、稟議、承認され、部署から部署へと通達されていた公式文書の内容が、担当者個人から担当者個人へとやりとりされることがある。コミュニケーションの乱れは社内だけに限ったことではない。担当者個人から担当者個人へのやりとりは企業間でも起きている。業務ルールの変更など通達文書として発信すべきものと、担当者間の事務連絡としてやりとりすればよいものとがきちんと区別されていれば問題がないが、部署から部署へ、企業から企業へと通達すべきものが個人間の電子メールですまされてしまうと、当人以外は知る余地もないということになってしまう。電子メールによる権限の逸脱がひとたび起きてしまう

と、例外的に権限の逸脱が起きるという状況ではなく、常態的に権限の逸脱が起きてしまう権限の漏えいと呼ぶべき事態に及んでしまう。電子メールによる情報漏えいが情報セキュリティの問題として取り上げられることが多いが、先に漏えいした情報に対する権限の漏えいが起きていることが少なくないのである。

　EUC や OA を情報戦略として取り組む組織はあまりない。むしろ、必要悪のごとく、購入せざるを得ないパソコンやパソコンソフトにかかる費用を最小限にするよう執心するだけで、本来目的としてオフィスオートメーションをどうやって達成し、推進していくのかという点についてはほとんど議論されていない。しかし、社員一人にパソコン一台が珍しくない今、文書ファイル作成や電子メールの使い方を標準化し、不要なものは排除して、共通化できるものは結合し、効率のいい仕事の順番に変え、単純化できるものは簡素化するといった、ECRS（Eliminate：排除、Combine：統合、Rearrange：順序の変更、Simplify：単純化）による業務改善に取り組む効果は大きいのではないだろうか。工場でのオートメーションや 5S、シックスシグマなど業務改善によるコストダウンや品質改善が進む反面、オフィスオートメーションやファイリングシステムは一向に進んでいない。ムリムダムラがある職場は利益を捨てているだけでなく、業務ミスや情報漏えいなど好ましくない不利益まで企業にもたらしてしまう。企業価値を高めるための取り組みが IT ガバナンスだとすれば、EUC の放置は許されない事態であり、EUC による事務能率の向上は重要な情報戦略のテーマであるべきものである。

2 CIO に期待される IT マネジメントへの役割

◎ IT 利用による業務改革を成功させるチェンジマネジメント

　業務を効率化することは悪いことではない。しかし、業務を効率化したとしても、組織全体の業務も効率化できるとは限らない。効率性は目的を達成する上で無駄がないことを意味する。

　個々の業務においては不要なことに思えることであっても、経営者や他部署からみれば意味があるかもしれない。反対に、個々の業務においては必要なことに思えることであっても、経営者や他部署からみれば無意味かもしれない。そもそも部署ごとの業務は、経営者が目的を果たすために、責任権限を委譲することによって分業化したものであり、余計な仕事は何一つあるはずがない。しかし、業務量の増大や複雑化が進む中で、各部署が専門化し、責任権限の委譲元である経営者自身が組織全体の業務がどうなっているのか把握できなくなってきており、その結果、各部署側においても自分たちの業務の過不足や善し悪しを判断する基準を見失ってきているのである。にもかかわらず、IT 利用においては、業務の効率化が叫ばれ、多種多様な支援機能がシステム要件として組み込まれている。部署ごとの業務は、経営者が果たすべき目的のためにデザインされたものであるとすれば、①その業務は組織の目的のためにどのような役割を果たしているのか、②その効率化は、組織目標に対してどのような貢献をもたらすのか、という２点について、経営者の視点から検証することが不可欠となるはずである。「企業価値の高めていくための IT に関する取り組み」の担い手である CIO は、まず、組織の目的を果たすためにどのような分業が必要になるのかについて、あるべき姿と現状をモデリングし、全体の分業連携を見渡した上で業務全体を効率化することが必要となる。組織目標と現行業務との間に大きな乖離が生じている場合は、業務の効率化ではなく、業務の変革が必要となる。業務を効率化することと業務を変革することとの大きな違いは、前者では業務自体の役割は正しいけれども、やり方

に問題があるとするのに対して、後者では経営環境の変化や組織目的の転換などのために、業務自体の役割を変える必要がある点にある。

　業務の変革では、「自分たちのために業務を変える」という部分最適的なスタンスではなく、「自分たちに求められる業務が変わる」という全体最適的なスタンスが必要になる。しかし、業務の変革をうたうシステム企画の多くは現行業務ありきであり、業務変革における抵抗勢力となっている。現行業務ありきから始めるシステム企画ではなく、あるべき姿から始めるシステム企画を行うためには、CIOのもと、情報システム化プロジェクトのチームメンバー全員が、各部署の利益代弁者ではなく、経営者の利益代弁者にならなければならない。「どうやったら収益がもっと上がるのか」「経営環境の変化に対して縮小すべき業務は何か」といった議論を通じて、「人」の意識を変革していかなくてはならない。「人」の意識を変革するためのチェンジマネジメントに取り組むことなく、「業務」の枠組みを変革するBPR（ビジネスプロセスリエンジニアリング）を達成することはできない。部署目線からの業務の効率化ではなく、経営者目線からの業務革新を考えられる人材を育成することはCIOの大きな役割である。

◎経営戦略を見える化するITマネジメント

　経営者目線からの業務革新をめざすIT利用を考えるということは、経営戦略に合わせた情報戦略を策定するということに他ならない。経営戦略がバランススコアカードによって明示されている場合であれば、情報戦略を「顧客」「財務」「プロセス」「学習と成長」の四つの視点から経営戦略に結びつけることができることは先に述べた。しかし、経営戦略が明確になっていない場合は、経営戦略を「見える化」の対象としてモデリングする必要がある。情報戦略を見える化することがITガバナンスの前提条件であったが、情報戦略側の立場からみれば、経営戦略が見える化されていることが前提条件なのである。「収益増大」や「コスト削減」といった「財務の視点」の目標だけでは組織として何を変えて何を守らなければいけないのかが見えてこない。

サッカーであれば、「点をとる」や「失点を防ぐ」いう得点目標のために、「シュートチャンスを増やす」や「相手のシュートチャンスをつぶす」といった行動指針となるような戦略をたてなければ、チームカーラーは変わりようがない。企業でいえば、「収益増大」のために「既存顧客のニーズ掘り起こし」や「新規顧客の開拓」といった「顧客の視点」でのシナリオが、「コスト削減」のために「重複業務の集約」や「標準化による効率化」といった「プロセスの視点」でのシナリオを描くことによって、組織の壁を越えた業務革新を推進することができる。そして、サッカーチームが選手育成や戦術研究に力を注ぐように、企業においても人材育成やイノベーションといった「学習と成長」でのシナリオも中長期的な戦略として描くことも必要である。

　短期的には適切と思われる営業強化や業務改善も、中長期的な見通しの中では軌道修正を必要とすることも少なくない。事務センター化による業務の効率化を図ることは短期的にはコスト効率性を高めるだろうが、業界全体が効率化に向かうとすれば世話役的なコンシエルジュサービスを好む客層が増えるかもしれない。バランススコアカードが経営戦略を見える化するために有用なモデリングツールだとしても、中長期的な経営環境が見渡せなければ経営戦略を描くことはできないのである。なお、本書において、バランススコアカードの四つの側面の順序を「財務」「顧客」「プロセス」「学習と成長」ではなく、「顧客」「財務」「プロセス」「学習と成長」としているにはわけがある。P・F・ドラッカーは、企業の目的を顧客の創造とし、イノベーションによって企業を成長させていくのは人であるとしている。「顧客」と「学習と成長」を両端に置いているのはそのためである。

　SWOT分析は経営環境を「見える化」するためのモデリングツールである。バランススコアカードとSWOT分析は、CIOが頻繁に使用しなければならないモデリングツールとなる。経営の外部環境である「機会」「脅威」「強み」「弱み」を明らかにするだけであるSWOT分析の枠組みは非常に簡単だが、使いこなすことは容易ではない。機会と脅威を見逃すことの危うさは当然のこととして、自社の強み、弱みを見誤ることも同じくら

病院名	成人病センター	平成１９年度バランス・スコアカード						
モットー	ふれあう心で確かな医療							
理念	心のふれあいを大切にして安心と満足と信頼の得られる医療の提供							
平成21年度に目指すべき姿	★3大生活習慣病に対する全県の拠点病院として、特に死亡率の高いがん医療に力を入れ、質の高い、患者に満足していただける医療の提供を目指す。 ★急性期医療機能の充実による収益の向上を図るとともに、コスト管理を徹底し、効率的な業務運営による費用の削減を図り、経営の改善に努める。 ★職員の能力向上とコミュニケーションの活性化を図り、やりがいをもって仕事ができる魅力ある病院を目指す。							
区分	シナリオ	戦略的目標	主な成果	業績評価指標	H18 実績値（見込み）	H19 目標値	H21 目標値	主なアクションプラン
顧客の視点	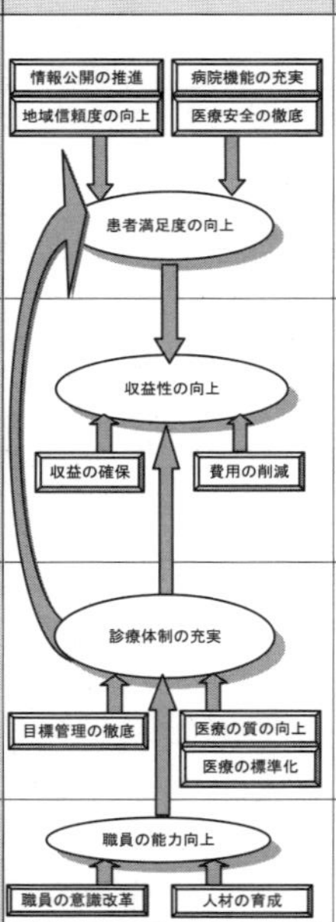	患者満足度の向上	患者満足度調査の評価の向上	患者満足度調査評点	外来4.1 入院4.4	4.5以上 4.5以上	4.5以上 4.5以上	・患者満足度調査、患者待ち時間調査の実施・結果分析・改善 ・意見箱「そよ風」の分析・評価
		病院機能の充実	がん医療の充実・強化	退院患者に占めるがん患者割合	(27.2%)	28%	30%	・地域がん診療連携拠点病院の指定更新（平成19年度） ・相談支援センターの設置・運営（設置は平成19年度）
		地域信頼度の向上	地域連携の推進	紹介率	44.5%	45%	48%	・地域の医療関係者を対象とした研修会の開催 ・公開症例検討会の実施
				逆紹介率	45.6%	46%	47%	・在宅医療との連携 ・地域の医療機関への積極的な情報提供
		医療安全の徹底	医療事故の未然防止	医療安全推進チーム員会の開催	年10回	年11回	年12回	・インシデント、アクシデントレポートの分析 ・院内ラウンドの実施 ・医師のインシデント、アクシデントレポート提出率の向上
		情報公開の推進	情報提供の充実	ホームページアクセス数	7,875件／月	7,900件／月	8,000件／月	・適時適切な情報の掲載 ・掲載内容の充実（医師の紹介、診療実績等、患者の視点に立った情報の掲載）
財務の視点		収益性の向上	収益性の向上	医業収支比率	86.5%	88%	91%	・DPC導入によるコスト管理手法の確立 ・DPCコスト情報等の提供による経営参画意識の醸成
		収益の確保	平均在院日数の短縮	平均在院日数	16.2日	16日	15日以内	・医療の標準化、効率化による在院日数の短縮 ・病床管理者による適正な病床管理の実施
			新規入院患者の確保	新規入院患者数	7,809人	8,000人	8,500人	・地域医療機関との連携強化
			診療報酬の査定率の減	診療報酬請求の査定率	0.139%	0.13%	0.1%	・保険医療委員会、レセプト検討会において、査定率減に向け検討
		費用の削減	効率的な運営	診療収益に占める材料費の割合	35.3%	32.4%	31%	・購買監査の実施等によるコスト削減
				診療収益に占める経費の割合	23.1%	22%	21%	・業務委託内容の検討、施設等管理委託業務の複数年契約の検討
			後発医薬品採用の推進	後発医薬品の採用品目数	119品目	140品目	170品目	・安全性に関する情報提供等により、後発医薬品使用の推進
内部プロセスの視点		診療体制の充実	医師の確保・育成	専攻医医師数 研修医医師数	10人 6人	18人 16人	18人 16人	・先進施設への研修派遣、キャリア形成支援の実施
			看護体制の充実	看護師離職率	12.0%	10%以下	10%以下	・看護師の確保対策の充実 ・24時間保育の本格実施（平成19年度） ・キャリア形成の支援
		医療の質の向上	医療の質の向上	病院機能評価自己評価	各評価項目評価3以上	各評価項目評価3以上	各評価項目評価3以上	・自己評価の実施 ・次期バージョンに向けての取組
		医療の標準化	クリティカルパスの推進	クリティカルパス作成件数	127件	135件	160件	・クリティカルパス作成および活用の推進
		目標管理の徹底	BSCの活用による経営参加意識の醸成およびコミュニケーションの活性化	評価指標数値の管理	－	四半期毎	四半期毎	・BSCの進行管理の実施（四半期毎に評価）
学習と成長の視点		職員の意識改革	改善意識の向上	職員提案応募件数	12件	20件	30件	・職員の業務改善意識の醸成
		人材の育成	職員のスキルアップ	新規専門資格取得者数	3人	7人	7人	・計画的な院内研修の実施 ・院外研修への参加奨励 ・専門資格取得支援

図表45　バランススコアカードの作成例

滋賀県（県立病院の経営改善に向けた取り組み）サイトより引用
http://www.pref.shiga.jp/n/byouin/files/seijin19bsc.pdf

いに危うい。そもそも、会社全体の機会、脅威、強み、弱みを総じて論じること自体が、経営環境の把握力が貧弱であるという弱みを表している。

　SWOT 分析は、天気予報や経済予測がそうであるように、個々の商品やサービスの業務状況の観察といったミクロな情報分析の結果から導き出すべきものである。CIO が果たすべき役割は、経営戦略にもとづく情報戦略を立案するだけにとどまらず、現場で起きている現実を正しく投影させた経営環境情報を経営者に提供し、経営環境から経営戦略を導くという最上位レベルでの IT マネジメントを実現することまで視野に入れるべきなのである。

◎常識にとらわれないブレイクスルー思考の必要性

　システム化計画を立案する際、システム化の範囲を決めるのは簡単なことではない。どこまでの業務を対象とするかだけでなく、関係する組織の範囲のことまで考えなければならないからである。インターネットなど情報通信が発達していなかった時代の情報システムでは、システム化の範囲といえば、社内組織や業務を指すのは当たり前であった。しかし、ネットワークという武器を得た現代の IT では、客先や仕入先、外注先のシステム連係、あるいは同業者との共同システムの利用も珍しいことではなくなっている。クラウドコンピューティングの登場はさらに、その傾向を強めており、Web サービスなどの利用によって、自社で用意できない組織や業務であっても、実装することが可能である。たとえば、受注や問い合わせ対応といったコールセンター業務や、納品書や請求書といった出力・配達センター業務、製造指示にもとづく受注組立生産（BTO：Build To Order）業務など、従来であれば注文書によってオーダー連係していた企業間の業務を、情報システムによって一連の業務フローの中の機能連携として実現することができる。そうなると、CIO に求められるのは自社における業務の理解だけにとどまらず、客先や取引先における業務の理解も入ってくることになる。取引先に関しては、既存の取引先だけでなく Web サービスのような IT インターフェイスを提供する事業者も積極的に

発掘することも必要になる。システム連係に対応できない古い商取引形態のままの取引先を使い続けるべきなのかについても問題になるかもしれない。裏返せば、客先のCIOから自社の古い商取引形態や情報システムについて懸念を抱かれる可能性もあるということである。

システム化範囲の検討においては、自社の視点ではなくサプライチェーンの視点を持つことが必要である。そして、サプライチェーンの視点を持つことによって、従来では想像もしえなかった新たな価値創造が生まれてくる。自社組織における業務順序や処理能力というパラメータに制約されず、複数コールセンターでの同時受注や段取り替えを必要としない連続生産や、時差を利用した24時間運用といった、能力限界を一気に超えるような業務革新が実現する可能性もあるのである。こうしたアイデアは、まさに部署内の業務改善としてのIT利用からは出てこない発想であり、部署どころか自社の壁すら越えるようなブレイクスルー思考を持つことによってはじめて出てくる発想なのである。CIOが「業務」の枠組みを変革するBPRを達成するためには、ブレイクスルー思考を持つことが不可欠であるといえよう。

◎ CIOに求められるプロジェクトマネジメントへの参画

システム開発プロジェクトは短くて半年、長くて2年以上かかる。投資も巨額となればその成否は業績を左右しかねない。しかし、多くの場合、システム開発プロジェクトに対する稟議は開始時のみであり、プロジェクト期間中も完了時点でも経営者への報告はあまりされることはない。

通常、システム開発プロジェクトは、稟議承認されたシステム化計画を受けた後、情報システム部門や関係するユーザ部門、委託先ベンダーをメンバーとするプロジェクト体制が編成され、要件定義、概要設計、詳細設計、プログラミング、単体テスト、結合テスト、システムテスト、運用テスト、移行といった工程が進んでいく。段階的に詳細化され完成品の姿が徐々に見えていくという点において建設工事に大変よく似ている。建設工事では施主の注文があいまいなまま工事が進むと完成間近になってから

設計変更となり、追加費用の発生や納期遅れが起きる。システム開発プロジェクトにおいても全く同じで、要件定義の段階からすでに稟議承認されたシステム化計画に対するズレが生じはじめ、概要設計、詳細設計とシステム仕様が詳細化される中で、そのズレは大きくなっていく。そして、要件定義とつきあわせる運用テストの段階でズレが認識され、さらには移行時になってから経営者はそもそものシステム化計画とはまるで違っていることを知るという事態が起きている。

　こうした事態を起こさないためには、まず、CIOがシステム開発の施主としてプロジェクトに参画しなければならない。特に、要件定義が適切にとりまとめられたかについてCIOがチェックすることは非常に重要である。要件定義では、システム部門や関係するユーザ部門のニーズや要望を識別して要件をとりまとめることになるが、その結果がシステム化の方向性から離れてしまったり、システム化計画で決めたスケジュールや予算を変えてしまうものにならないか監視しなければならない。要件定義の内容がシステム化計画からかけ離れてしまうということは、システム稼働したとしても投資評価ができなくなることを意味する。また、品質保証のV字モデルにおいて、要件定義はシステム開発の仕様を決めるもととなるものであり、運用テストにおいて合否判定する際の基準となるものである。

　要件があいまいなままシステム開発が行われると、想定外の要件追加や変更によって、工期遅延が発生する。開発完了を迎えても運用テストで受け入れられず、納期遅延や品質不良の責任をめぐって紛争が起きる。CIOは、システム設計やプログラミングの段階に進んでも、システム設計の内容が要件定義を実現するものとなっているか、プログラミングはシステム化計画どおりに進捗しているか、想定しなかった要件追加や変更が発生していないかなどについてチェックしなければならない。CIOが定期的にプロジェクミーティングに参画することによって、稟議承認されたシステム化計画の内容から乖離させず、要件変更や納期遅延が発生したとしても修正したシステム化計画を承認するといった対応をすみやかに行うことができる。CIOの仕事は、情報戦略やシステム化計画の策定までで終わりで

第4章 ITマネジメントの推進

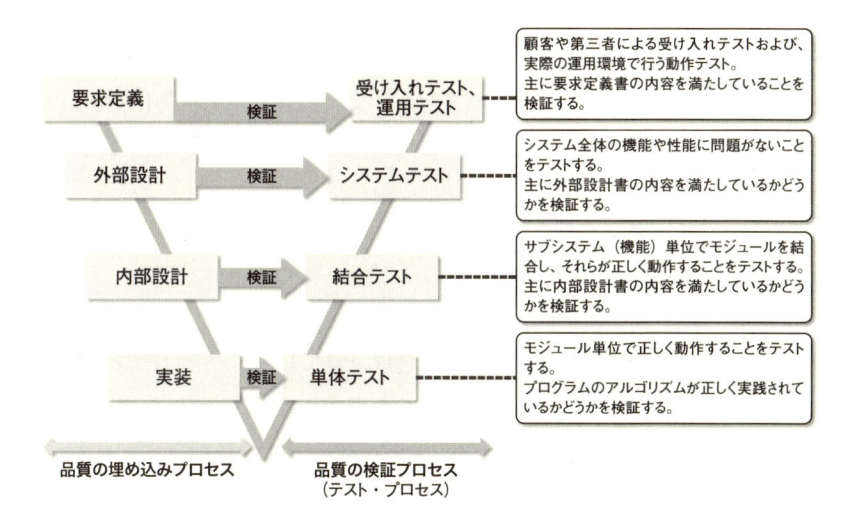

図表46　品質保証における V 字モデル

ITPro サイトより引用、編集
http://itpro.nikkeibp.co.jp/article/COLUMN/20051102/223934/?SS=imgview&FD=2638409

はなく、策定した情報戦略やシステム化計画が実現することを確実にするために、システム開発から移行、運用開始に至るまで、実施状況をチェックすることまでがカバーされなければならないのである。

◎ IT 利用だけでなく人的対応を重視するのも CIO の役割

　社内業務を IT 化することが、いつの場合でも組織にとって好ましい結果を生むとは限らない。

　営業事務の効率化のために、受注事務を CTI システムや Web オーダーシステムによって効率化した結果、従来の営業担当者による個別対応と比べてサービスが悪くなったと苦情が受けるといった話もよく耳にする。パソコンソフトで作成した年賀状よりも手書きの年賀状の方が好感されるのも当然のことであり、省力化、効率化するためだけに IT 利用を考えてし

まうと、顧客のサービスに対する満足度が低下するなど、結果的に手作業と比べて業務本来の目的が達成できないということになりかねない。IT利用する場合であっても、情報システムによって業務を全自動化するのではなく、グループウェアなどによる半自動的なしくみにするという選択枝もあるだろう。

　1936年にイギリスの数学者チューリングが考案したチューリングマシンという計算機械の概念は、現在のコンピュータの理論的原理といえるものである。チューリングマシンは、等間隔に区切られた一本のテープと、そのテープに読み書きするヘッドから構成されている。ヘッドはあらかじめある状態を持っていて、その状態とヘッドから読み出したデータの組み合わせによって、「ヘッドをテープ上で右か左に一区画移動させる」「ヘッドの位置のデータを読む」「テープのヘッドのある区画にデータを書き込む」「状態を変更する」のいずれかの動作を繰り返す。チューリングマシンは計算という作業を、その計算が意味することを理解させることなく機械にさせることができることを示している。テープをメモリにヘッドをCPUに置き換えれば現代のコンピュータそのものの動きであり、プログラミングの手間さえいとわなければ、コンピュータにありとあらゆる計算をさせることができるのである。しかし、チューリングマシンの概念を裏返せば、その計算できない問題、あるいは、計算できたとしても現代のコンピュータではとてつもない時間がかかってしまう問題があるとすれば、人の脳が勝るということになる。書籍の書評は頻出する文字数を計算しても書くことはできない。営業担当者による個別対応で顧客の要望を長年のつきあいの中で理解するのも同じである。相手に送るメッセージをその都度思いつきながら一枚づつ年賀状を書くという芸当もコンピュータにはできない。

　コンピュータが人に勝る分野と、人がコンピュータに勝る分野をしっかりと区別し、人とコンピュータの共生を図るのもCIOの役割である。

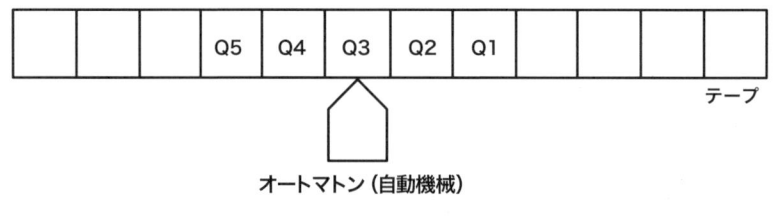

```
┌─┬─┬─┬─┬─┬─┬─┬─┬─┬─┬─┐
│ │ │ │Q5│Q4│Q3│Q2│Q1│ │ │ │
└─┴─┴─┴─┴─┴─┴─┴─┴─┴─┴─┘
            ▲                        テープ
        オートマトン（自動機械）
```

図表 47　チューリングマシンの原理

3　ITマネジメントからみた情報システム部門の役割

◎ IT企画力の強化が求められる情報システム部門

　パソコンやインターネット利用が当たり前になってきた今日において、コンピュータが使えるということだけで重宝される時代はすでに終わった。プログラミングができなくても、表計算ソフトの計算式やマクロを使えばたいていのことはできるし、多種多様なパッケージソフトも入手できる。パソコン活用やプログラミングの知識やスキルを持つことは損にはならないとしても、最重要ではなくなってきている。IT利用が身近になってきた今日においては、それをいかに利用すべきかを考えることの方がもっと重要になっているのである。情報システム部門にはコンピュータに強い人材が集まっている。しかし、システム開発や運用、保守などIT業務を情報システム部門だけで対応している企業は希である。程度の差はあれど、委託先の力を借りているのが実情である。だとすれば、情報システム部門が果たすべき役脇は何なのだろうか。ITマネジメントに立ち返って考えてみるならば、Do部分は外注してもPlan、See部分は自社で残すべきである。業務のPlanDoSeeを全てアウトソーシングするケースもあるが、よほどの戦略的パートナーシップが確立されていない限り、ITガバナンス上問題である。たとえ、インフラ部分の運用、保守業務をデータセンターに業務委託する場合でも、その上で動くアプリケーションシステムの業務内容を知らずに、処理性能を維持することも障害対応することも難しい。ベンダーにPlan、See部分も支援してもらう場合であって

も、その内容を評価して採用するか否かを判断する能力がなければならない。ITに対する専門的な知識やノウハウは社外にアウトソースするとしても、自社におけるITの利用価値を評価し、適用可能性を考えるといったITの目利き力は確保しておくべきである。そのためには、自社の経営や業務に精通する必要がある。その上で、モデリングや情報処理業務のスキルを駆使してあるべき姿を企画し、CIOのもとでIT経営を推進することが期待されるのである。

　企画力を養うことは、日常のユーザ支援業務の中でも可能である。特定の業務分野に特化しがちなユーザ部門と異なり、情報システム部門は多様なユーザ部門との接点を持つことによって、業務と業務とをつなぐしくみに気がつきやすい立ち位置にある。企画力を持てるか否かの違いは、積極的にユーザ部門とのコミュニケーションを図るようにしているか、ユーザ部門の壁を超える全体最適の視点で問題の本質を考えるようにしているかにかかっている。IT経営の優良な他社事例（ベストプラクティス）を研究するベンチマーキングも、ソリューション知識を仕入れるために有効である。同業者だけでなく異業種に対する事例研究も、業務改革のヒントを得るために有用となることがある。たとえば、同時進行的に仕事が進みがちなサービス業の多くが、トヨタのかんばん方式から前工程、後工程間の引き継ぎチェックの重要性を学んでいる。ソフトウェア開発では建設工事におけるマンパワー計画や工程管理、作業編成などを学ぶべきだろう。

　業務に対してITはどう使えるのかという視点ではなく、ITによって業務をどう変えることができるのかという視点を持つことが、情報システム部門に必要になってきているのである。

◎情報システム部から情報サービス部へのパラダイムシフト

　情報システム部門の多くが「情報システム部」という部署名を持っている。本来、組織名はその部署が果たすべき役割を端的に表すべきものであるが、営業部や経理部、人事部といった他の部署と比べると情報システム部という組織名は役割を端的に表しているとは言い難い。そもそも情報シ

ステムに関する役割だとすれば、情報システムの端末として利用されていないパソコンは管轄外ということになる。仮にパソコンも情報を処理するシステムの一つだとして役割に入るものだとしても、紙資料を情報管理するファイリングシステムは情報システム部の管轄になるだろうか。そもそも「情報システム」を「情報」と「システム」に分離すれば、紙資料でも「情報」であり、ISO9000やISO14000といったマネジメントシステムや経営者によるガバナンスも「システム」である。「情報システム」という言葉をあいまいにして、パソコンやインターネットがまだなく、コンピュータとしてはメインフレームやオフコンだった時代のまま、電子計算機システムという意味で使われている「情報システム」という言葉が多くの混乱を生んでいるのである。

　個人情報保護や情報セキュリティでは、パソコンデータや紙文書、携帯電話、FAX、IDカードなども重要な管理対象となるにもかかわらず、情報システム部がこれらの管理業務を管轄しているわけではない。端末からデータ入力しなくてもインターネットからデータを自動収集したり、紙資料をスキャナやOCRでデジタル化するなど、紙情報とコンピュータ情報の境目があいまいになり、システムとシステムとの相互乗り入れも容易になってきている中で、昔ながらの「情報システム」という言葉自体がもはや形骸化している。

　情報システム部門は組織名を変えようが変えまいが、「情報システム」から「情報サービス」への意識変革に迫られている。ハードウェアやソフトウェアが主体ではなく、情報が主体であり、材料としての情報を有用な情報に加工するための設備として情報システムがあるのだというパラダイムシフトをしない限り、情報システム部門は社内外から取り残されていくだろう。

　情報処理業務をサービスとしてとらえることによって、情報システム部門自体の業務改革も進むこととなる。顧客の視点でIT利用のニーズを把握し、プロセスの視点で業務の品質や生産性を向上させ、成長と学習の視点でナレッジ蓄積や要員育成を、そして財務の視点で、ITトータルコス

ト（TCO：Total Cost Of Ownership）の削減や IT 投資の費用対効果の改善を図るといった、御用聞き的な受け身の組織から前向きで攻めの組織へと自らのチェンジに取り組むことが期待されるのである。

◎価値工学によるシステム開発の意識改革

　COBOL から JAVA にプログラミング言語が変わろうとも、オフコンからクラウドコンピューティングにシステム基盤が変わろうとも、システム構築においてシステム設計が必要なことに変わりはない。しかし、決定的な違いは、そのシステムが持つ意味から生じている。情報システム部から情報サービス部へと意識改革が必要なように、今や情報システムはサービスである。ネットショップやサプライチェーンマネジメントはまさに客先に対するサービスであり、社内システムもまた、クラウドコンピューティング化の進展とあいまって、内部顧客に対するサービスとしての意味合いが強まっていくことだろう。情報システムがサービスであるとすれば、利用者に得られる効用が、供給者が支払う犠牲と比べて大きくなければ提供する価値がない。生産分野では価値工学が知られている。製品の効用が低ければ売れないし、他にもっと安いものがあれば買う必要もない。

　価値工学では、「価値＝得られる効用／支払う犠牲」という式で価値を定義している。価値を高めるには得られる効用を上げるか、支払う犠牲を減らすしかない。このことはサービスにもあてはまる。

　従来、情報システム開発におけるシステム設計では、いかにしてユーザ要求を適切にシステム仕様へと変換するかということが問題であった。そのため、関心事の多くが機能であり、便利な機能を増やすことに執着してきた。しかし、価値工学上、これは必ずしも正しいということにはならない。少々便利そうな機能を追加したとしても、全体の開発コストがそれ以上に増えれば価値式の値は小さくなる。効用にしても機能の多さだけでなく、使いやすさや処理性能、利用時間帯などにも目を向ける必要があるし、支払う犠牲にしてもコストだけでなく、開発期間や新たに増える運用作業、さらには環境負荷といったように様々なものについて考える必要が

ある。オフショア開発などによってコストだけを下げても、保守業務の困難性やノウハウが自社に蓄積できないなど別の犠牲が派生することもある。開発完了間近になってから費用追加や納期延長を言い出すシステム開発がいかに多いか考えてみて欲しい。

　もう一つ、情報システムの開発において、価値工学からみて見直すべきことがある。追加しようとするシステム機能の価値を「得られる効用／支払う犠牲」で評価した場合、たとえ得られる効用が大きくても、もっと安くて手軽に利用できるサービスが他にあれば、そのサービスによって得られる効用が小さくても支払う犠牲で除した価値で考えればそちらを利用すべきだということである。従業員が社内のグループウェアを使わずにグーグルのGmailやカレンダー機能を使うのは、情報セキュリティ上問題だということだけで済ませることはできない。価値工学上の本質がそこに隠れているのである。価値工学ではアイデアを発想することが重視されている。サービス価値を高めるには、「より大きな効用」を考えるか、「より安く手軽に」を追求するかしか選択枝はない。トヨタ社が「カイゼン」に取り組んできたのも、中小企業がCAD/CAMを駆使して省力化を進めてきたのも、いかに支払う犠牲を小さくするかということで血のにじむような努力をしてきたのだという視点で評価しなければならない。効用を代替できるものが他にないか、もっと支払う犠牲を減らすような工法はないのかなど、システム開発が「ものづくり」の世界から学ぶべきことは相当に多いはずである。

◎ CAD/CAMにみるシステムエンジニアの本来の姿

　コンピュータを活用したモノづくりが進展をみせている。CAD/CAMはまさに工場のIT化における主役的役割を果たしており、まさにITが経営革新の原動力となってるモデル的な存在であるといっても過言ではない。CAD/CAMと販売管理や生産管理といった一般的な情報システムとの大きな違いは、前者の最後が工作機械の自動運転による製品そのものの完成にあるのに対して、後者の最後は画面や帳票、取引データといった情

報のアウトプットである点である。CAD/CAM に従事する工場のエンジニアには自分たちがモノづくりをしているという自覚と自信がみなぎっている。自分たちの仕事の結果が顧客満足と直接つながっているという緊張感を持って働いているのである。これに対して、一般のシステムエンジニアは、自分たちの仕事が組織に役立っているという実感を持ちにくい。その結果、どうしても仕事の善し悪しの基準が前例主義的になったり、業界常識的なものになりがちである。しかし、CAD によって作成した図面から NC プログラムを出力して工作機械で動かすという一連の流れは、システム設計によって作成した仕様にもとづいてプログラムを開発して組織に適用するという業務システムの開発においてもモデルにできるものである。

「設計図―NC プログラム―工作機械―製品実現」という流れは、「システム設計―プログラミング―システム移行―業務改善」という流れに置き換えることができる。この二つを比較してみると、大きな違いがあるのは、最後の「製品実現」と「業務改善」のところである。CAD/CAM エンジニアは「製品実現」というモノづくりを通じて、自己実現も実感している。一般のシステムエンジニアははたして「業務改善」を通じて自己実現を感じているだろうか。本来、カイゼンは自己実現に通じるもののはずだが、システム移行の後はユーザ部門にまかせてしまい、IT 利用の結果にシステムエンジニアが直接関与していないのが実情である。こうした状況を打開するためには、システムを移行して終わりというのではなく、ユーザとともに、システムエンジニアも業務改善まで戦い抜くことが必要ではないだろうか。最後の顛末を見ないような分業では人が育たない。P・F・ドラッカーは、技術者など知識労働を行なうべき人の多くが、ほとんど意味のない仕事を課せられて、忙しさを増大させていると指摘した。その一方で、歴史をつくるのは一人ひとりの働く人間だとも言っている。顧客を創造するのもイノベーションを起こすのも全て、人である。情報システム部門において、IT マネジメントを推進していける IT 要員を育てていくのであれば、過度すぎる分業をやめて、仕事の最初から最後までを見届けられるひとかたまりの仕事としてまかせるべきである。CAD/CAM エン

ジニアにもアジャイル型の開発チームにもまかさせられているという責任感と自己実現感がただよっている。ITマネジメントの成否を決めるのは技術ではなく、技術を使う人の方にあるということを決して忘れてはいけない。

4 サービス指向が決め手となるITマネジメントの推進

◎業務を重視するITマネジメントの成功企業

ユニクロ（ファーストリテイリング）の社内では単に「情報システム」や「IT」というのではなく、「業務システム（Business System & IT）」という用語がよく使われる。それは業務とITは表裏一体ということを理念として徹底したいという思いからである。ユニクロではIT利用の問題を情報システムに閉じて考えず、常に業務側からみた情報システムを意識している。その一つの例が、本部と店舗間の情報共有のために構築された社内情報ウェブと呼ばれる社内ブログである。この社内ブログは国内外の店舗をつなぐものとして構築され、本社が制作するチラシに店舗側の意見を反映させたり、店頭での顧客の反応を全社で共有したりするために活用しているという。社内ブログは社員が自由な発想で日々思っていることをメッセージとして発信するという全く新しい取り組みである。グループウェアが電子掲示板システムを祖とするとすれば、社内ブログは個人の公開日記が起源である。社内ブログを導入する企業は増えている。しかし、情報システム側の視点で考えている限り、ブログシステムは情報共有のためのツールの一つにすぎず、グループウェアと併用して導入するという発想は生まれてこない。グループウェアが社内文書や業務連絡など公式な情報を共有するものになっているとすれば、少し先の商売について非公式に自由討論する場としてのブログがよいと考えたのは、業務を重視するユニクロでは当然のことだったといえるだろう。

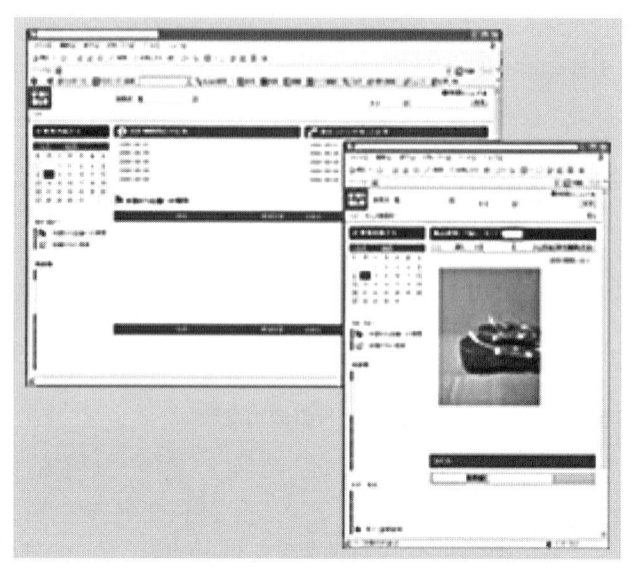

図表48　ユニクロの社内ブログ

本部からアイデアを募ると店舗から書き込みが集まる（日経BPNetより引用）
http://itpro.nikkeibp.co.jp/article/NEWS/20060808/245425/?ST=biz

　ITツールとしてのブログシステムを入れただけで社員がみな自由闊達にメッセージ発信するわけがない。

　ユニクロの社内ブログも一般的なブログシステムをカスタマイズしたものであり、決して高額なシステムでもなく、構築に長期間かかるというものではない。業務に役立つもの、現場や経営者が求めているものに対してアンテナをめぐらせることによって、社内のITニーズをまず先におさえているからこそ、インターネット上の珍しくもない日記サービスが社内で使えるということに気がつけるのである。ITの投資効果の説明にも困ることはなく、導入当初から成功イメージが描けていたはずである。むしろ、社員がみな自由闊達にメッセージ発信するようにするために、事実としての情報の共有ではなく「思い」を共有することが大切だということを相当に訴え続けたのではないだろうか。既成概念にとらわれて、新しく変化することを嫌う文化では、決して社内ブログは成功しない。グループ

ウェアで効果が出ないからブログという道具に変えるという発想では、どんな道具を入れようとも成果は出てこない。道具ではなく道具を使う人や組織、業務にこそスポットライトを当てる必要がある。まず先にハードウェアやソフトウェアありきで後から有効利用を考えるということ自体がおかしな話なのである。

◎文書ファイルの棚卸しで明らかになる情報の自然連鎖

　情報の5Sが必要なことは先に述べた。情報の5Sに取り組むためには全社的な情報の棚卸しを実施することを避けて通ることができない。業務システムを導入あるいは再構築する場合でも、適用業務に関係するパソコンの文書ファイルまで徹底的に洗い出すような現状分析はあまりされていない。業務システムが稼働したにもかかわらず、思ったほど業務の効率化が進まないことがある。そもそも、表計算ソフトや電子メールといった社員用のEUCツールは業務システムや電子商取引システムがカバーしきれない業務をささえてきたものである。しかし、その運用の多くについては社員まかせにされていたため、ファイル名や項目名の付け方や、もとにする材料情報の種類、計算などの処理方法もまちまちになっている。その結果、同じような文書ファイルが社内にあふれ、どれが正しいのかさえわからない状況まで起きてしまっている。手書きすればよいような文書まで清書のためだけにワープロ打ちされているため、パソコン導入によってかえって生産性をおとしかねないということも少なくない。電子メールに至っては、重要な社外文書が個人のメールフォルダに放置され、部署間で通達や事務連絡として稟議承認が必要な内容のやりとりですら担当者間の電子メールで終わってしまっていることも前述したとおりである。さらにやっかいなことに、手元にある資料をもとにパソコンソフトで文書ファイルを作成すれば部署間で話し合いすることなく仕事ができるため、それぞれの部署で勝手な情報連鎖が自然発生していく。そもそも、情報の作成についてもものづくりと同じであり、材料の調達、情報の加工・組立、検査、納品、使用、保管・維持、廃棄というライフスタイルについて考えな

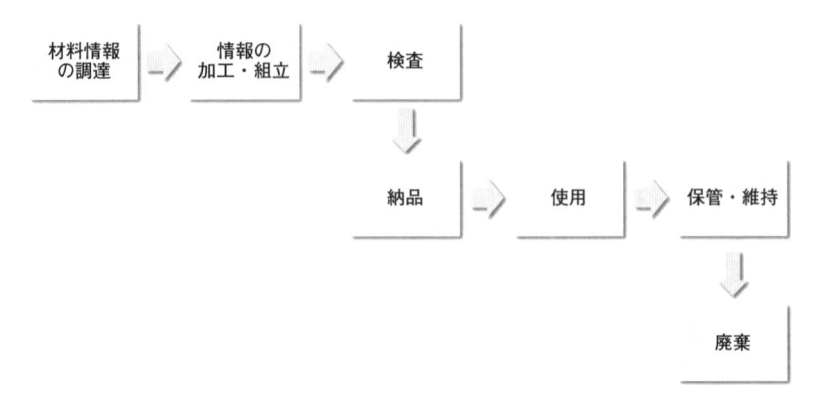

図表49　情報のライフサイクル

ければならない。

　材料となる元情報の調達先や品質保証される利用方法などを一切考えず、製造方法について書かれた設計書もなく、検査や維持、廃棄にいたってはその必要性すら顧みられていない現状を考えれば、企業の業務遂行にどれほどの悪影響を与えているかと恐ろしくなる。

　ITが現実を投影し情報処理する技術であることに賛同が得られるとすれば、企業に広く浸透し業務に密着している表計算ソフトや電子メールといった個人用ツールもまた、現実を投影していることが社内OAを推進する上での前提条件となる。こうした個人用ツールの利用度が高いのであれば、業務システムの構築と同じく、あるいはそれ以上に、社内OAのマネジメント整備を経営課題とすべきはずである。個人用ツールで作成された文書ファイルであっても、業務上利用されるものは社内資産のはずであり、計算処理など加工・組立工程があるものは工具や設備としてメンテナンスして正しく動作するようにしておくことも当然の義務である。CIOや情報システム部門が取り組むべき情報戦略としては、業務システムや電子商取引といった派手な出し物だけではなく、むしろ、パソコン利用環境について整理整頓を図るという地味で目立たない出し物についても目を向けなければならない。製造業や建設業など現場作業が中心だった業種にお

いても、営業資料や設計書、報告書などの文書作成といった間接費業務が増え続けている。社内 OA の強化は利益管理上の重要課題ともなってきているのである。

図表 50　情報棚卸ワークシートの様式例

No	情報名	媒体	目的	主な項目	材料情報	現状の問題点
1						
2						
3						
4						
5						
6						
7						
8						
9						
10						

◎装置指向で遅れをとった IT 利用と労働生産性の国内事情

　下図は経済産業省の IT 経営ポータルサイトで紹介されている IT 活用に関する日本企業の現状について示したものである。IT 導入にもかかわらず活用できていない IT 不良資産化企業群と呼ばれる第 1 ステージのグループと、各事業部や工場ごとにシステムをつくり上げていて部門の壁を超えられない第 2 ステージのグループを足すと 7 割以上となっている。また、組織全体最適化企業群である第 3 ステージのグループと、企業、産業横断的企業群である第 4 ステージのグループを合わせると、米国の 61.7%に対して日本は 34.5%にすぎない。

　企業全体で統一的に IT を活用して効率をあげたり、取引企業や顧客などの関係者を含め企業を超えて IT を活用している米国に比べると、我が国の IT 実状は大きく遅れているのである。

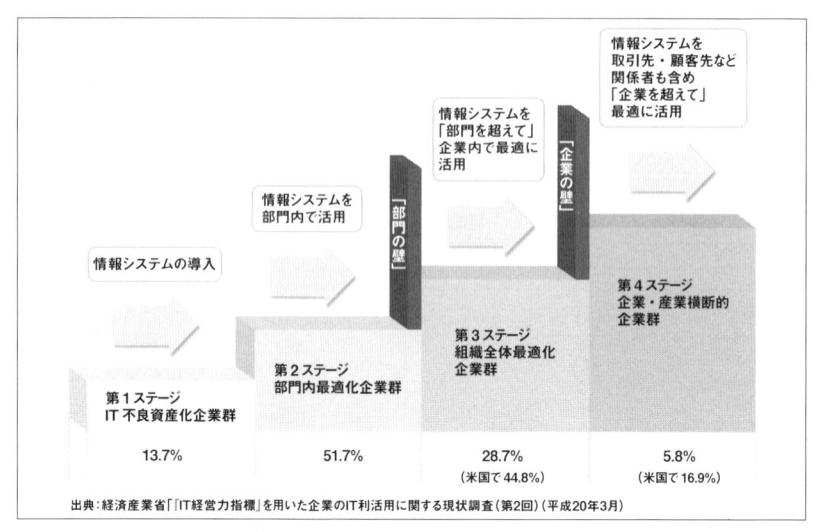

[図表]

第1ステージ	第2ステージ	第3ステージ	第4ステージ
IT不良資産化企業群	部門内最適化企業群	組織全体最適化企業群	企業・産業横断的企業群
13.7%	51.7%	28.7% (米国で44.8%)	5.8% (米国で16.9%)

出典：経済産業省「「IT経営力指標」を用いた企業のIT利活用に関する現状調査(第2回)(平成20年3月)

図表51　IT活用に関する日本の現状

経済産業省IT経営ポータルより引用、編集
http://www.meti.go.jp/policy/it_policy/it_keiei/action/current/index.html

　もう一つ、気になる統計データとして、労働生産性の国際比較がある。
　製造業だけでの労働生産性は3位と高いが、その理由も就業者数の減少が考えられ、設備装備や利用による付加価値の増加とは考えにくい。
　この資料だけでIT利用に問題があると結論づけることはできないが、IT活用に関する国際比較の資料と合わせると、ITという設備装備や利用にもある程度の原因があることを推測しないではいられない。前項で問題として取り上げたパソコン利用におけるマネジメント不在の状況も、従業員のITリテラシーという面において国際格差を生んでいる恐れもある。
　それどころか、不必要なパソコン業務が労働生産性を低下させているかもしれないのである。
　オフィスや工場などでパソコンやインターネット接続が当たり前の風景になってきている中で、ITの設備装備において我が国が遅れをとっているとは思えない。憂慮すべきはITという設備の利用についてである。もし、多くの企業が今日まで、装置指向的にハードウェアやソフトウェアさ

OECD 加盟諸国の労働生産性
(2005年／30カ国比較)

順位	国名	値
1	ルクセンブルク	104,610
2	ノルウェー	97,275
3	米国	86,714
4	アイルランド	83,546
5	ベルギー	80,878
6	フランス	77,007
7	オーストリア	74,042
8	イタリア	73,179
9	オランダ	72,406
10	英国	70,343
11	オーストラリア	69,836
12	ドイツ	69,600
13	スウェーデン	68,025
14	カナダ	67,723
15	デンマーク	67,621
16	アイスランド	66,985
17	フィンランド	66,981
18	スイス	63,934
19	スペイン	62,669
20	日本	61,862
21	ギリシャ	55,689
22	ニュージーランド	51,128
23	韓国	46,918
24	ハンガリー	45,267
25	チェコ	44,268
26	ポルトガル	41,277
27	スロバキア	38,815
28	ポーランド	37,465
29	メキシコ	27,309
30	トルコ	24,647
	OECD平均	63,267

単位：購買力平価換算ドル

図表52　2007年版「労働生産性の国際比較」（社会経済生産性本部）

http://www.spc-net.gr.jp/v-hikaku.html

え入れれば生産性があがると考えてきたとすれば、今こそサービスとしてのIT利用を考えるべき時である。そのIT設備の導入は誰のためであり、なぜ必要であり、効果を出すには何をしなければならないのかといった、ITILの考え方が必要なのである。情報システム部門に求められる人材もプログラマやシステムエンジニアといったハードウェア、ソフトウェアの技術者だけでなく、情報という資産をいかに活用すべきか、IT利用で仕事がどう変えるべきなのか、といったことを考えるビジネスマネジメントの技術者が必要になっている。そして、ビジネスマネジメントの技術者に必要不可欠となる技術こそモデリングであり、モデリングによる現状分析

と改善設計ができる人材こそ、養成を急ぐべきIT人材なのである。

◎サービスとしての内部顧客の視点を持つ必要性

　サービスとしてのIT利用を考えるためにはまず、ITサービスの利用顧客を明らかにすることが必要となる。社内利用であっても内部顧客は必ず存在するものであり、内部顧客を意識しない管理部門の業務は独りよがりになりがちである。ITサービスの内部顧客を考える場合、業務部門の利用者を想定することは当然のことだが、それ以上に重要となるのが経営者である。経営者はオーナーや責任者として認識されることが多いが、経営者はITサービスの内部顧客としても最大の存在である。業務部門のニーズが短期的で部分的なものであり、求められる業務内容もシステム技術的なものが多いのに対して、経営者のニーズは中長期的で全体最適的なものであり、業務内容はマネジメント技術的なものとなる。

　IT利用をサービスとして考えることによって、様々な問題点が浮かび上がってくる。社外サービスの場合、企業は使う価値がなければ購入しないのに対して、社内業務では利用者側も提供者側もサービスとしての認識がうすいため、必要性がかえりみられることが少ない。社内業務であっても費用は発生しており、ニーズがない業務は必要性がないはずである。内部顧客を意識せずサービスとしての価値について考えない社内業務が存在するということは、結果的に外部に存在する本当の顧客に対しても価値のない仕事にかかった経費を請求していることに他ならない。無駄だけならまだしも業務ミスや情報漏えいを起こせば、はかりしれない損害すらもたらすかもしれない。

　サービス意識の希薄さが問題となるのは情報システム部門だけではなく間接部門全てに共通することだが、サービス意識が低い部署同士による内部取引ではさらなる危うさをもたらす恐れがある。外部顧客と対面する営業部門からみれば、調達先や外注先の品質は大きな関心時であり、問題があれば当然、品質保証としての管理責任を問われることになる。しかし、社内部署間の内部取引においては、サービス品質の定義もなければ保証も

ないのが実情である。その結果、責任の所在がはっきりしない内部取引が次々と連鎖されていくことになる。なぜシステム部門はユーザIDを管理するのだろうか。なぜシステム部門はアクセスログを管理するのだろうか。ベンダーとのシステム会議では何をすれば責任を果たしているといえるのだろうか。そもそも、システム部門の業務は社内の誰が発注し、サービスとしてどこまでのことができるのかについて同意を得ているのだろうか。本来、取引においては買い手にも責任があり、売り手は不適切な買い手には商品を販売しない。売り手と買い手の責任負担が成立した場合にのみ取引が成立する。できないことは売れないし対価ももらえない。内部取引に置き換えてみれば、少なくとも、依頼する側も受ける側も説明責任を果たすべきである。経営者は情報システム部門が要求するシステム予算の内容がわからなければわかるまで説明を求めるべきなのである。CIOが果たすべき役割は専門的な情報技術を理解することではない。その情報技術が経営や業務にとってどのような便益をもたらし、その便益のために負担すべき経費が妥当なものかどうかを見極めることにある。仮想化技術の導入であれば、自動車のマニュアルとオートマチックの違いのように、自動化することによって運転ミスがなくなったり手間がかからなくなることを説明するべきである。他社がどうとか技術的に必要なものだからといった説明は補助的なものにすぎない。今でもマニュアルを好むドライバーもいればオートマだから起きる発進事故も起きているのだ。

◎現場問題と経営戦略のリンクから生まれる情報戦略

　企業における情報戦略の策定は実際にはどのようにして行われているのだろうか。各部署からあがってきたシステム案件を元に中期的なシステム化計画として策定したものを総括して情報戦略としているものや、老朽化した既存システムを再構築するといった必然的な事由によるもの、客先からの電子商取引対応の要求や同業他社の情報化に追いつくためのものなど、様々なものがあるだろう。いずれにしても、情報戦略は現場の業務ニーズや経営戦略上のニーズにその根拠を置いている。老朽化した既存シ

ステムの再構築にしても、性能低下やシステム停止による現場業務への阻害というリスクを回避するものであり、パソコン OS やソフトのバージョンアップにしても、本来的には労働生産性の向上をめざしたものだといえるだろう。

　情報戦略の策定における問題は、経営戦略から出てくるものだとしても、あるいは現場ニーズから出てくるものだとしても、それらが分離独立されたものでなくお互いに関連し合ったものでなければおかしい。なぜならば、経営戦略は将来の業務の姿を決めるものであり、現在の業務ニーズは将来の経営戦略のあり方を示唆するものだからである。しかし、実際には、経営戦略は現場と離れたところで議論され、現場は経営戦略を意識しないまま業務を改善しようとする。情報戦略もまた情報であることを考えれば、現場の業務ニーズと経営戦略上のニーズを有機的に結びつけるしくみを考えることも IT マネジメントの役割である。本来的な IT マネジメントの考え方を社内に定着させるために、現場問題と経営戦略をリンクさせることこそ、まず先に取り組むべき取り組みなのである。

　現場問題と経営戦略のリンクさせた形での情報戦略を策定するための方法として EA があることは既に述べたとおりである。ここでは、現場の担当者を巻き込んだワークショップ形式での現状分析による情報戦略策定の手法を紹介しておく。

　〈ステップ 1〉業務パターンの定義
　　現行業務のプロセスを分析するにあたって、全体としてどのような業務パターンがあるのかについてまず整理しておく必要がある。業務パターンは、主要顧客の違いや役割分担（組織体制）、売上形態、原価形態、主要工程、使用資源（設備、要員、外注、材料等）などによって区別することができる。製造業の場合、試作と量産とを区別する必要があり、新規とリピートについても CAD/CAM プログラムの新規開発と再利用という違いにおいて区別しておく必要がある。パターンが異なる業務であるにも関わらず、十把一からげにして議論してし

まっては問題の本質が見えてこない。

〈ステップ2〉業務プロセスの分析

　業務パターンの中から特に重要なものをパイロットとして特定し、そのプロセスについて精査する。分析する内容としては、プロセス名、担当部署や担当者、処理内容、判定基準、使用資源、インプット情報、アウトプット情報、現状の問題点などがある。一般的なプロセスとしては、引合や見積、受注、計画、設計、調達、着手、製造、完了、検査、保管、出荷、検収、請求、入金などがある。判定基準とは仕事の出来映えを決める基準であり、インプット情報はプロセス遂行に必要となる情報、アウトプット情報はプロセス遂行によって生成される成果物としての情報である。生産計画であれば、注文データや在庫データがインプット情報となり、資材所要量計算結果などがアウトプット情報となる。工程設計であれば、納期や工数基準、資源の稼動状況などがインプット情報となり、工程表や作業指図書などがアウトプット情報となる。現状の問題点では、現象として現場が認識している客観的事実としての問題を抽出する。たとえば、資材所要量の計算や工程表の作成が遅いとか、間違いがあるといったものが客観的事実としての問題である。

〈ステップ3〉現象問題の原因分析

　業務プロセスの分析を通じて明らかになった客観的事実としての問題に対して、原因分析を行うことによって原因を究明する。トヨタでは問題分析のために「なぜ」を5回繰り返すといわれるように、現象問題を引き起こしている直接原因の背後には本質的な原因が潜んでいる。通常は「なぜ」を3回繰り返すことによって、問題の直接的な原因だけでなく、本質的な問題にアプローチすることができる。直接的な原因と本質的な問題との間に中間問題を置くことによって本質問題へのヒントとなるとともに、論理の飛躍を防ぐこともできる。たとえ

ば、資材所要量の計算や工程表の作成に遅れや間違いがあることの直接の原因には、在庫情報や資源の稼動状況に関する情報が正しくないことがあり、その原因を引き起こしている中間問題としては、現物の入出庫や実作業の着完了と情報登録する時点とが一致していないことが考えられ、さらにその中間問題を引き起こしている本質問題としては、情物一致に対する認識欠如があるといった分析をすることになる。

〈ステップ4〉本質問題と経営政略とのリンク

現象問題の原因分析によって浮かび上がる原因問題は、本質的なものまで掘り下げることによって、方針や体制、資源、基準、手順、能力といったマネジメント上の問題類型に収束されていく。そしてその裏返しが経営戦略となるべきもののはずである。情物一致に対する認識欠如という根本問題からは、情物一致の徹底という方針の問題と、バーコードや無線ICタグによる情報収集の自動化という手順の問題、情物一致の必要性に関する教育という能力の問題が浮かび上がってくる。経営戦略として「業務の見える化」や「問題の早期発見」、「業務スピードの向上」といったものがあるとするならば、情物一致という本質問題を介して、「資材所要量の計算や工程表の作成に遅れや間違いがある」という現場での現象問題がリンクすることになる。情報戦略としては、バーコードや無線ICタグの導入だけでなく、グループウェアによる社内方針の徹底や製造要員に対する教育訓練システムも検討すべきということが浮かび上がってくるのである。

第4章 ITマネジメントの推進

図表53 業務パターン定義ワークシートの様式例

No	業務パターン	主要顧客	役割分担	売上形態	原価形態	主要工程	使用資源
1							
2							
3							
4							
5							
6							
7							
8							
9							
10							

図表54 プロセス分析ワークシートの様式例

No	プロセス	担当部署、担当者	処理内容	判定基準	使用資源 設備、材料、外注等	インプット情報	アウトプット情報	現状の問題点
1								
2								
3								
4								
5								
6								
7								
8								
9								
10								

図表 55　問題分析ワークシートの様式例

No	現象問題 (客観的事実)	直接の原因 (なぜ)	中間問題 (なぜなぜ)	本質問題 (なぜなぜなぜ)	関連する 経営戦略	解決策として の情報戦略
1						
2						
3						
4						
5						

　現場の担当者を巻き込んだワークショップ形式での現状分析による情報戦略の策定は、手間がかかるボトムアップアプローチによる方法である。
　しかし、経営理念や戦略が現場に浸透しておらず、現場の問題が経営層にあがっていないといった、経営者と現場との間に乖離が生まれているような状況では、ボトムアップアプローチに取り組むべきである。業務パターンの定義やプロセス分析の作業が定着し、継続的に現場問題が経営者にあがってくるようになっていれば、問題分析によって現場問題と経営戦略をリンクするところからはじめればよい。そうでなければ、ITマネジメントを推進するためにまずやるべきことは、現場で起きている問題をキャッチして上層部に発信するためのしくみを構築することである。ここで例示した業務パターン定義ワークシートやプロセス分析ワークシート、問題分析ワークシートもまた、現実を投影するためのITである。形だけの現状分析と不十分な要件定義によって構築される高額な情報システムよりも、はるかにIT経営の実現のために貢献するのではないだろうか。

◎重要成功要因と重要業績評価指標で見える化するITコスト

　策定された情報戦略はCIOや経営者によって承認されなければならない。そのためには、情報戦略は経営戦略に貢献するものでなければならず、投資効果が測定できるものである必要がある。投資評価については日

本情報システム・ユーザー協会の「IT投資価値評価ガイドライン」において、KPIや利用部門からの評価などの方法が提示されていることを先に述べた。ここでは、前項のワークシートを元にしたCSF（重要成功要因）とKPI（重要業績評価指標）による投資評価の方法について紹介する。問題分析によって情報戦略と関連する経営戦略との関連づけは既にできている。個々の情報戦略の投資効果は、問題分析の材料となった現場での現象問題（客観的事実）と、原因分析で明らかにした本質問題によって測定することができる。情報戦略が成功したとすれば、問題分析で明らかにした本質問題が解消あるいは軽減されていくはずである。まさに本質問題は情報戦略にとってのCSFなのである。

そして、本質問題が改善されれば、現場での現象問題（客観的事実）もまた解消されているはずである。現象問題の解消は目で見える形での改善であり、まさに現象問題は情報戦略にとってのKPIなのである。

先の例で考えてみると、「バーコードや無線ICタグの導入による生産時点情報システム（POP：Point of Production）の構築」という情報戦略が策定されたならば、そのCSFは「情物一致の徹底」であり、KPIは「資材所要量の計算や工程表の作成における遅れや間違いの発生件数」ということが自動的に導出できる。「グループウェアによる社内方針の徹底」は情報戦略を進めていく上での前提条件として位置づけてもよいだろう。

「製造要員に対する教育訓練システムの構築」は、情物一致だけがテーマとなるわけではないため、人事部門のスタッフが中心となり製造要員に対するコンピテンシーとアカウンタビリティについて検討する活動が先に行われるべきかもしれない。

図表56　情報戦略策定ワークシートの様式例

No	情報戦略	貢献する経営戦略	投資効果	
			CSF：重要成功要因 （改善される本質問題）	KPI：重要業績評価指標 （改善される現象問題）
1				
2				
3				
4				
5				

終章 IT マネジメントの将来展望

◎パソコン利用の見直しから始める IT マネジメントはじめの一歩

　コンピュータの黎明期、メインフレームやオフコンが主役だった頃、情報システム部門の主たる関心事は受注や請求、出荷といった会社全体の業務課題であり、各部門の業務の効率化まで手が回らず多くのバックログと呼ばれる開発積み残しが発生していた。しかし、その後、パソコンが普及し、Excel などのパソコンソフトの機能強化が進むと、各部門では情報システム部門の協力がなくても IT 利用による業務の効率化を実現できるようになっていった。しかし、情報システム部門、ユーザ部門にとって、いわゆるエンドユーザコンピューティング（EUC：End User Computing）は好ましいものと思われていた時期は長くはなく、あちらこちらに自部門のことしか考えないパソコンシステムやデータが氾濫することになり、業務間の整合性や業務引継上の問題が話題にのぼるのにさほどの時間はかからなかった。情報システムがそもそも組織における業務を投影するものであるとするならば、全体の一部にすぎない EUC が問題となったのは当然の帰結であるといえよう。情報システム部門は今こそパソコン利用の 5S をはじめなければならないのである。

　EA（エンタープライズアーキテクチャ）は何も経営者向けの情報戦略策定ツールというわけではない。Excel ワークシートや Access データベース、そして今では Google Apps などインターネットサービスの利用状況を全社的に棚卸しすることが全社的な IT 利用の現状を把握する上でどうしても必要不可欠になってきている。各部署におけるパソコン利用の状況について徹底調査し、全社システムとパソコン利用の組み合わせのあ

るべき姿についてモデリングするのも EA として大きな課題である。かつて、Excel マクロの効率性が COBOL や C 言語を圧巻したように、今では iPhone の多機能性が業務用のハンディターミナルを圧倒している。パソコンやインターネットなど一般ユーザ向けのソリューションから目をそらすことはゆるされない。むしろ、情報システム部門に求められることは、こうした一般ユーザ向けのソリューションに対してビジネス応用できないかという視点を常に持つことである。社内におけるパソコン利用の棚卸しもまた、問題点だけでなく新たなビジネスアイデアを発見できるチャンスともなるはずである。

　Web サイトではあたり前になりつつある身体障害者や高齢者を気遣うアクセシビリティも企業内の情報システムではあまり例をみない。ブログとチャットを足して 2 で割ったような Twitter のつぶやきブログは企業では活用する意義はないだろうか。少なくともマーケティング部門がモニタ顧客からの情報収集には使えるかもしれない。業務革新においては問題を把握することが絶対不可欠だが、それと同等に問題を解決するためのアイデアも不可欠である。ユーザ部門がパソコン利用によって業務改善した中で創意工夫したアイデアが企業価値を高めるための原動力になるとも限らないのである。

◎ IT サービス化によってシフトする IT 人材のスキル

　IT 人材に求められるスキルは、従来の職人的なプログラム開発から、科学的なシステム企画へとシフトしている。しかし実際には多くの IT ベンダーでは、下請け構造の中で対象業務の意味をあまり理解しないままプログラム開発を行っている。開発スタイルにおいても、属人的な作り込みによって長時間労働の常態化しており、IT 業界は「きつい、厳しい、帰れない」という新 3K 業界として学生から避けられる存在となっている。

　企業経営において IT が生産性向上や企業競争力の主要な源泉とならなければいけない中で、IT 業界自体の生産性向上が低く、企業競争力に劣るようでは経済産業省の IT 立国構想はいつまでたっても実現性を持つこ

とができない。また、一般企業においても IT 人材の不足は顕著であり、情報システム部門を有する企業でも IT 経営に対応できる人材確保や育成が急務となっている。

クラウドコンピューティングの進展によって、今後の IT 人材が進む道は大きく分けて二つに分かれていくものと思われる。一つは、ハードウェアやソフトウェアを IaaS や PaaS によって IT サービス化していく側のシステム基盤側の要員として、コンピュータやネットワークに関する専門的技術を有する人材である。もう一つは、ビジネスにコンピュータを適用することによって IT 経営の実現を図る人材である。SaaS においては実践的な業務知識が不可欠となるだけでなく、その導入によって、ビジネスがどう変わるべきかについて明確なビジョンを持つことが必要となる。そして、そのビジョンに向けて現行業務をどのように変革していくのかという設計図を描くためのモデリングスキルが極めて重要となる。しかし、モデリングについては冒頭で述べたように、業務分析とソフトウェア設計が分離した状態でシステム開発が進むことが多く、EA によるビジネスとシステムの統合的なモデリングが行われることはまだ多くない。「超上流」と呼ばれる業務分析や要件定義を行える人材も少なく、比較的組織規模の大きな IT ベンダーでも数人の上級コンサルタントが超上流に対応しているに過ぎない。IT 経営の実現を図る人材として、こうした「超上流」におけるモデリングを行えるスキルを持つ人材を育成していくことが企業レベルにおいても国家レベルにおいても喫緊の課題なのである。そのためには、システム要員に対しては業務知識の習得が不可欠であり、業務担当者に対しては工学的なモデリング手法の習得が求められる。高度な IT 技術知識はシステム基盤側の要員にまかせて、ビジネスに対する工学的アプローチができる人材がシステム要員と業務担当者の両側から輩出されることが期待される。業務に弱いシステム要員も、自分の仕事をモデリングできない業務担当者も、IT サービス化が進む中で居場所を失っていく。企業にとって必要な人材は文系も理系も関係ない。工学的なシステム思考によって現実の問題を解いていける人材が羨望されているのである。

◎仮想化社会の成功の鍵となるアプリケーション（適用）の視点

　仮想空間サービスであるセカンドライフの利用者が増えているという。
　セカンドライフは、メタバース（Metaverse）と呼ばれるもので、利用者はこの空間の中でアバター（自分の化身）を操作して他の利用者とともに、経済活動を含んだ社会生活を営むことができる。メタバースは、実社会と並列する「もうひとつの世界」であり、セカンドライフで使用できるリンデンドルという通貨は、実際の米ドルと交換することもできる。そのため、セカンドライフ上で大きな収入を得る利用者もおり、脱税行為として懸念されているほどである。そこで行われているビジネスとしては、アバター向けの衣装など仮想社会上の価値創造だけでなく、教育やアドバイザーなどのサービス業ではアバターを介するだけで実世界のビジネスと何ら変わらないものすらある。インターネットが登場した頃、電子店舗という「もうひとつの店舗」の存在を知らずに顧客を失った実店舗は少なくなかった。メタバースでは店舗だけでなく顧客もアバターとなり「もうひとつの世界」に入り込む。メタバースのような仮想空間の善悪について議論してもしかたがない。利用者は便利であれば利用するだけなのだから。企業がそこに出店するならば、自社のビジネス全体についてモデリングし直すことが必要である。そこに進出することによって、どのようなチャンスがありどのようなリスクが発生するのか、仮想空間の中でどのような社会的責任を果たすべきなのか、考えなければならないことは少なくない。
　ITマネジメントの視点にたてば、今後、どのような技術革新、パラダイムシフトが起ころうとも、モデリングによって自分の立ち位置を自覚し、進むべき方向について描いていけば道に迷うことはないはずである。
　仮想化技術の進展はウェアラブルPCの世界においても顕著となっている。ヘッドマウントディスプレイによって目の前にまるで大型スクリーンがあるかのように画面をみることができるというだけでなく、手の動きやジェスチャによって、コンピュータを操作する技術も開発されている。センサーと無線通信機能を組み合わせることによって、屋外作業者を遠隔地から支援することができる。作業者がいる場所や高度、温湿度などをセン

終 章　ITマネジメントの将来展望

図表 57　セカンドライフの画面

サー感知して、必要な図面や資料の表示、音声による注意、助言を与えることが可能となる。ウェアラブルPCの活用においても、作業者に対してどのような情報提供を行うべきかを考える上で、作業分析というモデリングを行うことが必要となる。今以上に高度な技術が使えるようになったとしても、それを利用方法が貧弱なままでは宝の持ち腐れである。

　仮想化、高度化するIT技術をどのように利用してビジネスや生活をより豊かにすることができるのかというアプリケーション（適用）の視点を持つことが今後のIT経営や社会の発展に向けた鍵を握っている。そしてそれこそがITマネジメント自身に必要となるアスペクトといえるものなのである。

参考資料

@IT アットマークアイティ（http://www.atmarkit.co.jp/）
ウィキペディア（www.ja.wikipedia.org）
キーマンズネット（http://webservice.recruit.co.jp/keymans/）
exBuzzwords 用語解説（http://www.exbuzzwords.com/）
All About（http://allabout.co.jp/）
goo ビジネス EX（http://bizex.goo.ne.jp/）
ZDNet（http://japan.zdnet.com/）
マイクロソフト msdn（http://msdn.microsoft.com/ja-jp/default.aspx）
ASCII.jp（http://ascii.jp/it/）
日経 BP ITPro（http://itpro.nikkeibp.co.jp/index.html）
日経パソコン PC online（http://pc.nikkeibp.co.jp/index.html）
IT 用語辞典 e-Words（http://e-words.jp/）
EnterpriseZine（http://enterprisezine.jp）
経済産業省（http://www.meti.go.jp/policy/it_policy/outline.html）
総務省（http://www.meti.go.jp/policy/it_policy/outline.html）
中小企業庁（http://www.chusho.meti.go.jp/）
IPA 情報処理推進機構（http://www.ipa.go.jp/）
JIPDEC 日本情報処理開発協会（http://www.jipdec.or.jp/）
IT 経営百選（http://www.itouentai.jp/hyakusen/h18/index.html）
関西 IT 百撰（http://www.it100sen.com/it100senslct/slct_top.html）

用 語 解 説

5S, 7S
Seiri（要らないものを捨てること）、Seiton（決められたものを決められた場所に置いていつでも取り出せる状態にしておくこと）、Seisou（汚れのないきれいな状態にすること」、Seiketsu（汚れのないきれいな状態を維持すること）、Shitsuke（決められたルールを守ること）の頭文字をとったもの。Senjo（洗浄によって微生物による汚染を低下させること）と Sakkin（殺菌や消毒、滅菌などによって微生物による汚染を低下させること）の二つを加えて 7S。

ABM（Activity Based Costing）
活動基準原価計算。企業内の活動ごとに把握されたコストの分析を通じて付加価値を生まないムダな活動を明らかにする。

AC（Actual Cost）
プロジェクトマネジメントにおいて管理する実コスト。当該期間末までに実際に投入した総コスト。

AIDMA
消費者行動モデル。Attention（注意が喚起され）、Interest（興味が生まれ）、Desire（欲求し）、Memory（記憶し）、Action（購買する）の頭文字をとったもの。

AISAS
電通社によって AIDMA に代わる消費者モデルとして提唱されたもの。Attention（注意が喚起され）、Interest（興味が生まれ）→ Search（検索し）→ Action（購買し）→ Share（情報を共有する）の頭文字をとったもの。

BAM（Business Activity Monitoring）
情報システム上を流れる様々な業務データをリアルタイムに収集し、ビジネス活動において生じている問題を即座に発見して関係者にアラートするしくみ。

BCM（Business Continuity Management）
企業が災害や事故で重大な被害を受けた場合に重要な業務を中断させないため、あるいは中断したとしても目標復旧時間内に復旧させるための取り組み。

BCP（Business Continuity Plan）
重要な業務が災害などで中断した場合に事業継続を確保するための計画。事業継続計画。BCP は BCM において策定され運用、見直しされる。

BOM（Bill Of Materials）
組立生産において製品がどの部品や中間製品、原資材などから構成されるのかを示した部品表データ。

BTO（Build To Order）
商品を部品の状態でストックしておき顧客の注文に応じて組立て出荷するビジネスモデル。

CAD（Computer Aided Design）
　コンピュータ支援設計。コンピュータによる設計支援ツール。

CAM（Computer Aided Manufacturing）
　コンピュータ支援製造。CADで作成された形状データを入力データとして加工用のNCプログラム作成などの生産準備全般をコンピュータ上で行うためのシステム。

CASE（Computer Aided Software Engineering）
　ソフトウェア開発やソフトウェアの保守にソフトウェアツールを利用すること。CASEツールとして、プロジェクト管理や業務分析、システム設計、コード生成、データ変換、テスト作業を支援するものなどがある。

CIO（Chief Information Officer）
　最高情報責任者、情報システム担当役員、情報戦略統括役員。組織戦略に合わせて情報戦略を立案し、実施、評価する責任者。

CMS（Contents Management System）
　Webコンテンツを構成するテキストや画像、レイアウト情報などを一元的に保存・管理し、サイトを構築したり編集したりするためのソフトウェア。

COCOMO（Constructive Cost Model）
　ソフトウェア開発の工数や期間の見積手法。プログラムのコード行数にエンジニアの能力や要求の信頼性といった補正係数を掛け合わせる。

CPM（Corporate Performance Management）
　企業パフォーマンス管理。業績を測定、監視、管理するためのしくみ。組織内の様々な活動に対するKPIを設定しておくことによって、経営者が全体の状況を把握できるポータル画面を利用したり、設定した範囲を超えた場合に担当者に警告することができる。

CRM（Customer Relationship Management）
　顧客関係を構築して顧客価値を創造することを目的として、コンピュータで顧客データを管理し分析するための取り組み。

CSA（Control Self Assessment）
　統制活動を担う人々が自らの統制活動の有効性について主観的に検証・評価する手法。

CSF（Critical Success Factors）
　重要（主要）成功要因。目標・目的を達成する上で決定的な影響を与える要因。

CSR（Corporate Social Responsibility）
　企業の社会的責任。利益を優先するだけでなく顧客や株主、従業員、取引先、地域社会など様々なステークホルダー（利害関係者）との関係を重視して果たす社会的責任。環境保護や労働安全、人権尊重、雇用創出、消費者保護、公正取引などがある。

CTI（Computer Telephony Integration）
　電話やFAXをコンピュータシステムに統合するしくみ。コールセンターなどで電話がかかると同時に登録され

ている顧客情報や取引履歴を表示するなどの機能がある。

CV（Cost Variance）
プロジェクトマネジメントにおいて管理するコスト差異。予定していた予算をどれだけオーバーしたかを示す。

EA（Enterprise Architecture）
組織の全体最適の視点から業務要件やシステム要件の体系化と標準化を進めることによって、IT投資における重複や無駄をなくすことをめざしたモデリング技法。

ECRS
Eliminate（排除）、Combine（統合）、Rearrange（順序の変更）、Simplify（単純化）の頭文字をとったもの。仕事を改善する上での原則。

EDINET（Electronic Disclosure for Investors' NETwork）
金融商品取引法に基づく有価証券報告書等の開示書類に関する電子開示システム。財務諸表の加工が容易になるXMLベースのXBRLが採用されている。

EIP（Enterprise Information Portal）
企業内情報ポータル。企業に散らばっている様々なデータや情報を効率的に探したり利用するためのしくみ。

ERP（Enterprise Resource Planning）
企業内の様々な経営資源を統合管理することによって最適配分するための計画活動。ERPソフトは経営資源の統合管理としてよりも、業務機能を統合した業務パッケージとしての意味が強い。

ETL（Extract/Transform/Load）
情報システムなどに蓄積されたデータを抽出（Extract）し、データウェアハウスなどで利用しやすい形に加工（Transform）し、対象となるデータベースに書き出す（Load）こと。

EUC（End User Computing）
情報システム部門以外の者がコンピュータを自ら操作して業務に役立てること。一般的にはスプレッドシート（表計算ソフト）などのパソコンソフトが利用されている。

EV（Earned Value）
プロジェクトマネジメントにおいて管理する達成価値。金銭的な価値に換算して評価される。

eラーニング
コンピュータを使った教育システム。教材コンテンツと学習管理システムから構成されている。

GIS（Geographic Information Systems）
地理情報システム。地図情報に座標データや統計情報と結びつけ、商圏内の世帯数などを集計したり、立地条件に合致する候補地を検索するなどのデータ分析ができる。

HAZOP（HAZard and OPerability studies）
ガイドワードを使った危険シナリオ分析手法。ガイドワードには、「no, not（何もしない）」、「more（多すぎる）」、「less（少なすぎる）」、「as well

as（超えている）」、「part of（足りない）」、「reverse（逆さま）」、「other than（違う）」がある。

IaaS（Infrastructure as a Service）
サーバやネットワークなど情報システムを構築するためのインフラ資源を、インターネット経由のサービスとして提供するもの。

IDS（Intrusion Detection System）
侵入検知システム。ネットワークへの侵入を監視して不正侵入を検して管理者に通報するシステム。

ID 統合管理
ユーザ ID など利用者情報を一元的に管理するしくみ。

IP アドレス
インターネットなどに接続されたパソコンや通信機器に割り当てられたアドレス番号。

ITIL（IT Infrastructure Library）
イギリス政府が策定した IT サービスマネジメントのベストプラクティスを集めたフレームワーク。

IT ガバナンス
IT が経営戦略の実現を支援、強化することを保証するための取り組み。CIO が担うべき責務。

IT 統制
IT の利用や IT を活用した情報システムに対する内部統制。業務処理統制と全般統制に大別される。業務処理統制は、個々の情報システムにおいてデータの網羅性、正確性、正当性、維持継続性を確保することを目的とし、IT 全般統制は、業務処理統制が健全かつ有効に機能するように IT 基盤の品質を保証することを目的とする。

IT パスポート
情報処理技術者試験の試験区分の一つで、入門的な試験と位置づけられている。

IT リテラシー
パソコンやインターネットなど IT を使いこなす能力。企業のシステム構築力や活用力を指すこともある。

J-SOX 法
金融商品取引法のうち内部統制に関する部分のこと。上場企業の経営者は、財務報告に係る内部統制の整備および運用状況の有効性について評価、報告することが義務付けられている。

KGI（Key Goal Indicator）
重要目標達成指標。経営戦略や組織目標を達成するために設定する指標。中間地点としての業績評価値指標として KPI が利用される。

KPI（Key Performance Indicator）
重要業績評価指標。業務の達成度を定量的に把握するための指標。

LOC（Lines Of Code）
プログラムのソースコード行数。

MVC（Model-View-Controller）
データやルールを担う「Model」、表示や出力などのユーザインタフェイ

スを担う「View」、Model と View を仲介「Controller」の3要素の組み合わせでシステム設計する手法。

NPV（Net Present Value）
正味現在価値。将来のキャッシュインフロー（現金流入）を資本コストで割り引いた現在価値から、投資であるキャッシュアウトフロー（現金流出）の現在価値を引いたもの。

OCR（Optical Character Reader）
手書きあるいは印刷された文字を光学的に読み取って文字データに変換する装置やソフト。

OJT（On-the-Job Training）
業務の現場において上司や先輩から職務上のトレーニングを受ける教育訓練の方法。

PaaS（Platform as a Service）
ソフトウェアを開発、実行するプラットフォームを、インターネット経由のサービスとして提供するもの。セールスフォース・ドットコムの「Force.com」やアマゾン・ドットコムの「Amazon Web Services」、グーグルの「Google App Engine」、マイクロソフトの「Azure Services Platform」などがある。

PDM（Product Data Management）
製品情報管理。製品開発における設計や開発に関する情報を一元管理すること、又はシステム。

PMBOK（Project Management Body of Knowledge）
米国プロジェクトマネジメント協会が取りまとめたプロジェクトマネジメントの知識体系。

POP（Point of Production）
生産時点情報システム。作業着手や完了、入出庫など製造現場で発生する様々な情報をバーコードや無線ICタグによってリアルタイム収集する。

RAD（Rapid Application Development）
プロトタイプの作成と改良を繰り返すことによって次第に完成品に近づけてゆくシステム開発手法。

RAID（Redundant Arrays of Inexpensive）
複数のハードディスクを組み合わせて一つのハードディスクとして稼働させることによって、信頼性を高める技術。

RAM（Responsibility Assignment Matrix）
責任分担マトリックス。プロジェクトマネジメントにおいて管理する作業と責任者の割り当て表。

RFM
Recency（最新購買日）、Frequency（累計購買回数）、Monetary（累計購買金額）の頭文字をとったもの。顧客の購買履歴から優良顧客グループを抽出するために行われる分析手法。

ROI（Return On Investment）
投資がどの程度の利益を生み出しているかを示す経営指標（ROI（％）＝利益÷投下資本×100）。

SaaS（Software as a Service）
ソフトウェア利用をインターネット

経由のサービスとして提供するもの。セールスフォース・ドットコムの CRM システムや、グーグルのオフィスソフト Google Docs & Spreadsheets などがある。

SEO（Search Engine Optimization）
検索エンジン最適化。Yahoo やグーグルなどの検索エンジンで検索結果がより上位に現れるようにウェブページを最適化する技術。

SFA（Sales Force Automation）
営業支援システム。IT を利用して営業担当者の生産性向上を図る。顧客情報や商談情報、営業日報など情報共有や、商談の進捗管理や業績分析などの機能がある。

SLA（Service Level Agreement）
サービスの提供者とサービスの委託者との間で合意するサービスレベル。サービス契約の際にサービスの内容と範囲、品質保証水準を明確にしておく。

SOA（Service Oriented Architecture）
大規模なシステムをサービスの集まりとして構築するシステム設計の手法。サービスとは他のコンピュータから利用可能となるようにネットワーク上にインターフェイスを公開したソフトウェア部品のことである。

SRB（Social Responsible Buying）
社会的責任購買。CSR 活動に力をいれている企業の商品を積極席に選択して購入すること。

SV（Schedule Valiance）
プロジェクトマネジメントにおいて管理するスケジュール差異の指標。マイナスはスケジュール遅延を意味する。

SWOT 分析
Strength（強み）、Weakness（弱み）、Opportunity（機会）、Threat（脅威）の頭文字をとったもの。経営戦略を立案する際に利用する現状分析の手法。

TCO（Total Cost Of Ownership）
情報システムの導入や維持、管理など IT にかかる総コストを表す指標。

WBS（Work Breakdown Structure）
プロジェクトマネジメントにおいて管理するプロジェクトの成果物を詳細化した作業表。対象範囲の明確化と工数見積を目的とする。

XBRL（eXtensible Business Reporting Language）
財務報告書のコンピュータフォーマット。上場企業は EDINET に XBRL 形式で提出することが義務づけられている。財務諸表の項目データがタクソノミという辞書で厳密に規定されており、データ連携や分析が容易となる。

XML（eXtensible Markup Language）
アプリケーションの種類やベンダーに依存しないデータフォーマット。異なるシステム間のデータ連携が容易となる。

アカウンタビリティ
権限のある者が自分のしたこと、あ

るいはすることを怠ったことが招いた結果について合理的な説明を行う責任。人事では、職務に必要とされる能力や成果を測定できるように明確にする義務を意味する。

アジャイル
より素早いシステム開発をめざす設計・開発手法の総称。

アスペクト指向
システム設計やプログラミングにおいて横断的に出現する共通的な関心事を重視する設計開発手法。

アバター
セカンドライフなどメタバース上で、自分の化身として画面上で活動させるキャラクター。

アベイラビリティ
可用性。システムやサービスが使いたいときに、すぐに使えること、その度合い。障害の発生しにくさや障害発生時の復旧の早さなどによって決まる。

インシデント
サービスの中断又はサービス品質の低下を引き起こす事故、あるいは中断や事故を引き起こしかねない出来事。

インフルエンサーマーケティング
特定分野の専門家やブロガーなど影響力を持つ人の情報発信力によってクチコミを活性化して、潜在顧客の関心を喚起するマーケティング手法。

ウェアラブルPC
ヘッドマウントディスプレイ（頭部に装着するディスプレイ）など身につけて持ち歩くことが出来るパソコン。作業現場でリアルタイムに図面を閲覧したり、遠隔指示を受けるなどのビジネス利用が考えられる。

ウォーターフォール
要件定義、基本設計、詳細設計、プログラミング、テスト、移行といった一連の流れを逆流することなく川のように前に向かって進んでいく開発手法。

エリアマーケティング
GISなどを利用して地域ごとの市場特性を把握し、地域を軸として市場細分化して商圏設定するもの。出店に合う顧客が多数存在する商圏を探したり、その商圏に存在する顧客に合った広告を出すために利用される。

オブジェクト指向
情報システムをデータと手続きを組み合わせたオブジェクトの集まりとして設計開発する手法。

オンサイト顧客
アジャイル開発のXP（エクストリームプログラミング）の特徴の一つであり、顧客を常に開発チームに参加させるというもの。仕様決定者が開発参加することによって、いつでも設計作業ができるようにしている。

ガイドワード
HAZOP参照。

仮想化技術
コンピュータやネットワークなど情報システムを構成する複雑な物理的資

源を隠蔽して単純な論理的資源として見せかける技術。システム設計の単純化や、IT 資源の利用率向上の他、古いバージョンの OS やソフトがサポートしていない最新のハードウエア上で稼働させるといったメリットがある。

仮想マシン
　ソフトウエアを動かすための特定のハードウエア環境をソフトウェア的に作り出したもの。Java で開発されたソフトウエアを動かすための Java VM や、Windows7 上で WindowsXP のソフトウェアを動かすための XP mode などがある。

活動基準原価計算
　ABM 参照。

クラウドコンピューティング
　インターネットなどネットワーク上にある特定のサーバが提供するサービスをサーバの場所や仕様を意識することなく利用できるしくみ。

クリックアンドモルタル
　電子商取引と実際の店舗販売の両方を行うことによって相乗効果を狙うビジネス手法。

グリッドコンピューティング
　ネットワークを介して複数のコンピュータを結ぶことによって、仮想的に高性能なコンピュータを作り出すしくみ。

グループウェア
　社内 LAN やインターネット接続を利用した情報共有や協調作業を支援するためのシステム。電子掲示板や電子会議、電子メール、スケジュール共有、文書ファイルのライブラリ保管といった機能を提供する。

クレンジング（データクレンジング）
　入力ミスや更新漏れのために不正確になったデータを正しいデータにする作業。

ゴーイングコンサーン
　企業が将来にわたって事業を継続していくことができるという前提のこと。

コーポレートガバナンス
　企業統治。企業価値を高めていくために経営を最適に制御するための枠組み。

コンカレント・エンジニアリング
　設計から製造にいたる製品に関わる様々な業務を同時並行的に進行すること。製品ライフサイクル全体の考慮点が明らかになることによって、量産までの開発プロセスの短縮や、後工程からの手戻りの減少が期待できる。

コンピテンシー
　ある職務において優れた成果を創出する個人の能力や行動特性。人事評価や目標管理制度、能力育成、ローテーションなどに活用されている。

コンプライアンス
　企業が事業活動を行う上で法令や倫理、道徳といった社会的規範を守って行動すること。

終章　ITマネジメントの将来展望

サービスデスク
　ITサービスを提供するうえで必要不可欠となる顧客との窓口。ITILではサービスデスクの業務にヘルプデスクだけでなく変更要求や契約更新なども含めており、トラブルが発生した場合は開発担当者に連絡するだけでなく、解決するまでインシデント管理することを要求している。

サプライチェーン
　原材料の調達から生産、販売、物流を経て最終顧客にいたる、製品やサービス提供のために行われるビジネス活動の一連の流れ。

重要業績評価指標
　KPI参照。

情報エントロピー
　情報の不確かさ。

スプレッドシート
　表計算ソフト上のワークシート、または表計算ソフトそのもののこと。

生産時点情報システム
　POP参照。

ソーシャルネットワーク
　参加者が互いに友人や知人を紹介し合って、新たな人脈を広げていくことを目的に開設されたコミュニティ型のWebサイト。

タクソノミ
　XBRLを利用するための電子的雛形。EDINETタクソノミでは標準的な開示項目が設定されている。

チェンジマネジメント
　組織変革や企業改革を成功させるためのマネジメント手法。環境の変化を察知・予測して、その変化に人が順応できるように意識や知識を変化させるように働きかける。

チューリングマシン
　英国の数学者チューリングが考え出した思考上の機械。現在のコンピュータの理論的原型。

ディレクトリ
　ユーザ情報や組織情報などログイン認証に必要となる情報を保持するためのツリー構造のデータベース。

デジタルアソート
　物品をオーダー別または配送先別に種まき仕分けする作業支援システム。

デジタルダッシュボード
　企業内の様々なデータから重要な要点を抽出して視覚化し、ひと目で状態を確認できるようにする経営者向けのビジネス管理ツール。

デジタルピッキング
　商品や部品が保管されている棚に設置されたアンサーキットと呼ばれる表示装置の指示にしたがってピッキングする方式。

データウェアハウス
　必要な情報を簡単に取り出せして分析できることを目的とするデータベース。業務システム用のデータベースから必要なデータを抽出して構築する。

データマート
　データウェアハウスに蓄積されたデータから、利用目的に応じて特定のデータを切り出して別のデータベースに格納したもの。

データマイニング
　統計解析によって、データの山の中からその中に潜んでいる有用な情報を掘り当てる技術。

テーブル（表）
　リレーショナルデータベースにおける行と列から成るデータの集まり。

デプロイメント
　ソフトウェアを利用可能なように準備すること。

電子調達
　インターネットを利用して部品や資材を調達すること。

トレーサビリティ
　追跡可能性。ものの流通経路を調達から製造から保管、配送、利用、廃棄まで追跡が可能なように逐一記録し、問題が発生した場合にさかのぼることができるようにしておくこと。

内部統制
　違法行為や不正、業務ミスなどが行われることなく、事業活動の有効性や効率性、財務報告の信頼性、関係法規の遵守といった目的を達成できることを合理的に保証するために行われる企業自身による一連の取り組み。

ナレッジマネジメント
　個人の持つ知識や情報を組織全体で共有して有効に活用することによって、作業の効率化や新発見を促進していくマネジメント手法。

バイラルマーケティング
　企業の商品やサービスを消費者自身にプロモーターとして口コミで宣伝してもらうことによって、利用者を広げるマーケティング戦略。

バズマーケティング
　ターゲット顧客グループに影響力のある人物に情報発信してもらい、影響される人達が話題にして騒いでくれることを期待するマーケティング戦略。
　バズとは蜂がぶんぶんと飛ぶ音のこと。

バックログ
　情報システム部門が抱え込んでいる開発しなければならないシステム案件の積み残し。

パフォーマンス
　ハードウェアやソフトウェアなどの性能。

バランススコアカード
　経営戦略と戦略目標を明確にした上で、「顧客」「財務」「業務プロセス」「学習と成長」という4つの視点を基準にして、戦略目標を達成するための重要成功要因（CSF）を明らかにする経営管理手法。目標達成度を計測するための指標として重要業績評価指標（KPI）を設定する。

バリデーション
　要求を取り込んで仕様として定義したものが正しく実現されているかどうかを検証すること。通常の検証（Verification）が、「正しく製品を作っているか。」を判定するのに対して、バリデーション（Validation）では、「正しい製品を作っているか。」を判定する。

反復型開発
　ソフトウェアシステムを徐々に開発していき、使用可能なシステムを段階的にリリースしていく開発手法。

ビジネスインテリジェンス
　企業内外のデータを体系化してビジネス上の意思決定のために有用な知識を生み出せるようにするためのしくみ。情報システム部員など専門家に頼ることなく、経営者や業務担当者自らがデータ分析を行えることも目指している。

ファイヤーウォール
　組織内のコンピュータネットワークへ外部から不正侵入されるのを防ぐ装置やソフトウェア。

ファンクションポイント法
　ソフトウェア開発における工数見積技法。ソフトウェアが実装する五種類の機能（外部入力、外部出力、外部照合、内部論理ファイル、外部インターフェイス）をカウントし、処理の複雑さなど14項目から定められた補正係数を掛け合わせることによってファンクションポイント数を求める。工数は過去に開発したソフトウェアや業界標準のファンクションポイント数と比較して算定する。

ブログ
　個人や数人のグループで運営され、日々更新される日記形式のウェブサイト。

プロジェクトマネジメント
　与えられた目標を達成するために、人材や資金、設備、物資、スケジュールなどをバランスよく調整して全体の進捗状況を管理する手法。

プロトタイピング
　ソフトウエアを試しに繰り返し作ってみて使い勝手や必要な機能を確かめながら完成させていくシステム開発手法。

ペアプログラミング
　アジャイル開発のXP（エクストリームプログラミング）の特徴の一つであり、2人のプログラマが1台のワークステーションを使って共同でソフトウェア開発を行う手法。

ページビュー
　ウェブサイトが一定期間内に閲覧された回数。

ベンチマーキング
　他社の優良事例（ベストプラクティス）を分析して優れた部分を取り入れる手法。

ミスユースケース
　組織やシステムにとって望ましくない状況を表現するようにユースケース図を拡張したもの。

無線ICタグ
　数ミリ程度のICチップとデータを

送受信するための無線アンテナを内蔵したタグ。

メタバース
　インターネット上に用意された電子的な 3 次元の仮想空間（仮想社会）。

モデリング
　目に見えないものや複雑なものを可視化と抽象化によって理解しやすくするための手法。

ユーザビリティ
　ソフトウェアや Web サイトなどの使いやすさ、使い勝手。

ユビキタス
　ラテン語で遍在（いたるところに存在する）という意味。いつでもどこでもネットワークやシステムにアクセスできる環境のこと。

リカメンデーション
　顧客の好みを分析して顧客ごとに最適な情報を発信すること。電子商店などで顧客の好みに合わせて商品情報をカスタマイズしたり、購入時に他の商品を薦めたりすることが一般的になっている。

量子コンピュータ
　量子の波の性質を利用して膨大な並列計算を一瞬で実行する次世代コンピュータ。実現にはまだ数十年かかるといわれている。

リリース
　開発されたソフトウェアの納品、出荷。

リレーションシップマーケティング
　顧客との良好な関係を長期にわたって継続することを目的とするマーケティング手法。

レスポンスタイム
　システムに要求を出して、その要求の処理が返ってくるまでの時間。

ロードバランサー
　一台のサーバにかかる負荷を何台かのサーバに分散させるために使う装置。

ロバストネス分析
　ソフトウェアの構造をバウンダリ（ユーザインターフェイス）、コントローラ（処理）、エンティティ（データ）の視点で分析する設計手法。

ワークパッケージ
　プロジェクトマネジメントにおいて管理する WBS の各枝における最下位レベルの作業要素であり、進捗管理上の最小基本単位となる。

ワークフロー
　グループウェアなどで申請や稟議承認などの事務作業の流れを自動化するしくみ。

資材所要量計算
　完成品の生産数と BOM（部品表）から必要部品の総量を算出する方法。

情物一致
　台帳や情報システム上に登録されている情報と実際に存在する現物が一致していること、一致させること。

執筆者紹介

杉浦　司（すぎうら　つかさ）（sugiura@sugi-sc.com）

立命館大学経済・法学部卒、関西学院大学大学院商学研究科修了（MBA）、信州大学大学院工学研究科修了（工学修士）。京都府警、大和総研を経て杉浦システムコンサルティング・インク設立。

関西学院大学大学院経営戦略研究科（ビジネススクール）講師、中小企業基盤整備機構戦略的CIO育成支援事業チーフアドバイザー、ビジネスブレイン太田昭和パートナーコンサルタント。

情報処理技術者（システムアナリスト、システム監査技術者、情報セキュリティアドミニストレータ、アプリケーションエンジニア、ネットワークスペシャリスト、データベーススペシャリスト）、PMPプロジェクトマネジメントプロフェッショナル、CISA公認情報システム監査人、CIA公認内部監査人、CFE公認不正検査士、ISO審査員（品質、環境、労働安全、情報セキュリティ、ITIL）、行政書士、認定コンプライアンスオフィサーなどの資格を持つ。

著書に『実践グループウェア』（講談社ブルーバックス）、『よくわかるITマネジメント』『データサイエンス入門』（日本実業出版社）などがある。

ITマネジメント　モデリングと情報処理によるビジネス革新

2010年2月20日　初版第一刷発行

著　　者　杉浦　司
発 行 者　宮原浩二郎
発 行 所　関西学院大学出版会
所 在 地　〒662-0891　兵庫県西宮市上ケ原一番町1-155
電　　話　0798-53-7002

印　　刷　協和印刷株式会社

©2010 Tsukasa Sugiura
Printed in Japan by Kwansei Gakuin University Press
ISBN 978-4-86283-054-8
乱丁・落丁本はお取り替えいたします。
本書の全部または一部を無断で複写・複製することを禁じます。
http://www.kwansei.ac.jp/press